Gerhard Engelsberger
Ins Offene glauben

TVZ

Der Theologische Verlag Zürich wird
vom Bundesamt für Kultur
für die Jahre 2021–2024 unterstützt.

**Bibliografische Informationen
der Deutschen Nationalbibliothek**
Die Deutsche Nationalbibliothek verzeichnet
diese Publikation in der Deutschen
Nationalbibliografie; detaillierte bibliografische
Daten sind im Internet über http://dnb.dnb.de
abrufbar.

Umschlaggestaltung
Simone Ackermann, Zürich
Umschlagbild: © 123RF.com

Satz und Gestaltung
Weiß-Freiburg – Grafik und Buchgestaltung
Bilder im Innenteil unter Zuhilfenahme
von freepik/pikaso erzeugt

Druck
gapp print, Wangen im Allgäu

ISBN 978-3-290-18604-3 (Print)
ISBN 978-3-290-18605-0 (E-Book: PDF)

© 2024 Theologischer Verlag Zürich
www.tvz-verlag.ch

Alle Rechte, auch die des auszugsweisen Nachdrucks, der fotografischen und audio-visuellen Wiedergabe, der elektronischen Erfassung sowie der Übersetzung, bleiben vorbehalten.

Gerhard Engelsberger

Ins Offene glauben

Innehalten. Weitergehen
Für Menschen in kirchlicher Verantwortung

TVZ
Theologischer Verlag Zürich

INHALT

Vorwort	7
Zum Anfang	11
Begegnung mit Gott	27
Schönheit, Klarheit und Glanz	32
Das eigene Mass	36
Heilung und Ganzsein	41
Vergebung – und die «Frage, ob …»	46
Leichtigkeit, Entlastung, Befreiung	51
Stille und Schweigen	56
Zärtlichkeit und Liebe	61
Weite und Ewigkeit	65
Erfahrung von und Begegnung mit echter Frömmigkeit	69
Weisheit und gelingendes Leben	74
Klang und die Erfahrung des Hörens	79
Raum und Herberge	83
Bewältigung von Trauer und Erfahrung von Glück	87
Hoffnung, dass Abstossendes ausgehalten wird	91
Glaube an Jesus Christus	95
Aufbauende Rede und Begegnung mit Gnade	99
Gemeinsame Suche nach Wahrheit	103
Gelingende Feier und erfülltes Fest	107
Mit Menschen und vor Gott klagen können	111
Als Mensch wahrgenommen werden	114
Das rechte Mass von Freiheit und Bindung	118
Gebet	121
Frieden, Gerechtigkeit und Bewahrung der Schöpfung	126
Sterben und Tod bewältigen	130
Staunen lernen und üben	135
Geduld mit Gott	139
Geduld mit mir selbst	143

Meine Angst	147
Deine Angst	153
Ich darf scheitern	158
Einsicht in Grenzen	161
Weitsichtiges Christsein	165
Nachsichtig leben	170
Zweifel	174
Schuldig bleiben	178
Enttäuschen	183
Enttäuscht werden	186
Mobilität	189
Verblassendes Berufsbild	194
Sie gehen auf Distanz	198
Bin ich nur ein «Zeremonienmeister» / eine «Zeremonienmeisterin»?	202
Falsch verstanden	206
Mit anderen arbeiten	210
Sterbende begleiten	214
Echt oder «Rolle»?	219
«Queer» und ich?	223
Wo bleibe ich bei alledem?	226
Ich bin verzweifelt	232
Einsamkeit im geistlichen Beruf	235
… und dann?	238
Zum Schluss	245
Anmerkungen	253

VORWORT

Wenn unser Leben gelingt,
reihen wir uns ein
wie die Zugvögel im Herbst
Richtung Wärme.
Folgen Wegen, die ein Geheimnis bleiben
und dennoch ans Ziel führen.
Wenn unser Leben gelingt ...

Menschen sind seit Anbeginn menschlicher Geschichte auf der Suche nach gelingendem Leben, nach einer Wahrheit, die bleibt, und nach Mitmenschen, die sie auf ihrem Weg ehrlich und in Liebe begleiten. Menschen setzen Hoffnung darauf, dass Türen und Grenzen sich öffnen, dass Herzen und Hände sich regen, dass Leben nicht an Mauern stösst.
Personen, die in den Kirchen Verantwortung tragen – als Pfarrpersonen, als Leiterin oder Leiter eines Gemeindekreises, in der Kirchenmusik oder mit diakonischen Aufgaben – sind auch Menschen. Sie haben keinen besseren «Geist» als die «Laien». Sie sind keine besonderen Menschen und machen keine geheimen Erfahrungen. Sie sind von der Gemeinde oder Kirche berufen, freigestellt, beauftragt und in Gottes Namen gesegnet in der Hoffnung, dass sie stellvertretend Erfahrungen machen, die der Gemeinde zugutekommen. So einfach ist das.

Ich bin in 50 Jahren Pfarrdienst in Gottesdienst, Seelsorge, Unterricht, Medienarbeit und Leitungsverantwortung sehr unterschiedlichen Erwartungen begegnet. Sie leuchteten mir alle ein, auch wenn ich sie nicht alle befriedigen konnte. Diese Erwartungen entsprangen menschlicher Sehnsucht nach Heilung, Ganzheit, Stille, nach besonderen Räumen und Orten, wesentlichen Erfahrungen, heilenden Wegen, tröstenden Klängen und Gesten, hilfreichen Begegnungen. Dieses Buch gibt den Sehnsüchten einen Namen, nimmt sie ernst, sucht nach verschütteten und vorhandenen Kompetenzen in den

Kirchen und ermutigt, sie zu entdecken, zu fördern und heilend einzusetzen. Sie sind über die Jahrhunderte vielleicht verborgen, versteckt zwischen Zeilen, in eine alte Bibel geschrieben worden, wie ich es aus vielen Bibeln kenne.

Bei Verträgen ist das «Kleingedruckte» oft eine Falle. In Glaubensdingen kommt das «Kleingedruckte» daher wie eine Fussnote. Es verweist auf andere Gedanken, auf andere Erfahrungen. Mir waren immer diese ganz eigenen Erfahrungen wichtig, die «Zwischentöne» hinter den grossen Worten. Diesen «Zwischentönen» spüre ich nach. Sie lassen Räume offen.

Der Ausgangspunkt dieses Buchs liegt nicht im zweiten, sondern im dritten Glaubensartikel, nicht bei Jesus Christus, sondern beim Heiligen Geist, dem uns anvertrauten Tröster. Und es blickt erwartungsvoll auf die Gemeinschaft der Getauften.
Der gewählte Weg befreit von dogmatischem Druck, von systematischer Stringenz, ist nah bei den Menschen und er ist insofern reformatorisch, als er die Gemeinde als Subjekt der Predigt, der Seelsorge, der Diakonie und der Spiritualität ebenso ernst nimmt wie die Persönlichkeit der in den Kirchen Handelnden.
Geistliches, christliches Leben sucht die Weite, nicht «das Weite». Es ist der Offenheit verpflichtet und damit dem Gespräch mit den unterschiedlichsten Erfahrungen, in denen Gott oder das Religiöse begegnet. Das wird dem einen «eine Wucht» sein, der anderen «eine Zärtlichkeit». Beides ist «echt». Dieser Echtheit will ich nachspüren.

Es empfiehlt sich, immer wieder ein Kapitel aus der Mitte des Buchs herauszunehmen, vielleicht mit anderen zu besprechen, im Gebet zu bedenken und Wege in die Stille zu suchen, die das Gehör schulen und die Sinne weiten.
Ich danke dem Verlag, dass er «alte» Gedanken von mir neu aufgegriffen hat.[1] Ich habe die Themen erheblich erweitert, Überholtes

korrigiert, neue Erfahrungen aufgegriffen, neue Fragestellungen aufgenommen und damit so etwas wie eine Summe meiner beruflichen und Lebens-Erfahrung zusammengestellt, im 76. Lebensjahr meine ganz eigene «spirituelle Hinterlassenschaft».

Der Geist gibt den Atem,
wir sind das Instrument,
Christus ist das Lied.

Dielheim, Frühjahr 2024

ZUM ANFANG

Die Kraft der Gemeinschaft

Menschen gehen weite Wege zu Orten, an denen ihre Seele Ruhe findet, an denen trotz unbekannter Worte keine fremde Sprache gesprochen wird.
Menschen lassen es sich etwas kosten, ihren Körper zu spüren, an die Grenzen zu gehen, das eigene Mass auszuloten.
Menschen suchen ihre «Mitte», von der aus sie neue, weitere Kreise ziehen können. Manche wollen «sich selbst» finden. Menschen suchen ihr Lot, ihre Wahrheit, ihren Weg.
Menschen möchten teilen ohne Angst, zu kurz zu kommen;
möchten lieben ohne Angst zu verlieren;
möchten warten ohne Angst zu versäumen;
möchten sich öffnen ohne Angst vor der Blösse;
möchten leben ohne Angst vor dem Tod;
möchten so sterben, dass der Tod eine Grenze überschreitet und alles neu weitet.
Menschen können in Gedanken jede Grenze überschreiten. Sie können tausend Jahre zurückdenken, können planen über den eigenen Tod hinaus. Und wollen doch einfach nur in ihrer bemessenen Zeit geliebt, ernst genommen, nicht übersehen werden.
Menschen suchen einen Glauben, der gelassen macht, der entschleunigt, der geniessen lässt, der Sinn gibt all dem, was da zwischen den Fingern zerrinnt.
Ich bin mir sicher: Das ist die eigentliche Antwort, die Menschen in der Kirche, in den Religionen suchen – diesen letzten, unbedingten Halt, der mir mein Mass gibt, der mich glücklich leben, ruhig schlafen und eines Tages auch in Frieden sterben lässt.

Das Gegenteil von Glauben ist nicht Unglaube.
Das Gegenteil von Glauben ist Angst.
Das Gegenteil von Liebe ist nicht Hass.
Das Gegenteil von Liebe ist Angst.

Menschen brauchen Religion, brauchen Halt, suchen Spiritualität, wollen ihre Angst überwinden. Ich bin ein Mensch. Vielleicht ist es ein Kennzeichen unserer Zeit, die zumindest im eigenen Land Hungertod, Seuchen und Krieg nicht mehr kennt, dass der Kampf ums Dasein die Gedanken und die Seele nicht mehr so bindet wie in früheren Jahren. Damit werden Kräfte frei und tauchen neue Fragen auf, die sich nicht mehr um die pure Existenz, um das blosse Überleben in feindlicher Umgebung ranken, auch wenn die Existenznot vieler in anderen, südlicheren Ländern sichtbar wird, die durch millionenfache Flucht vor Hunger, Krieg und Elend in den aktuellen «Krisen» näher gerückt ist und gerade in Europa nationalistischen, fremdenfeindlichen Populisten Nahrung gegeben hat.

Ist die Ablehnung Fremder menschlich?

Ist uns die Ausgrenzung Andersdenkender und Andersgläubiger in die Wiege gelegt?

Ist das «Haben» menschlicher als das «Sein»?

Ist «Liebe» eine Zutat oder die Basis?

Sind die Grenzen ausgelotet oder offen?

Liegt unsere Hoffnung in der möglichen Ausbeutung des Mondes und der nächsten Planeten?

Sind die eigenen menschlichen Gaben schon erschöpft?

Geht uns der Glaube verloren?

Haben wir als Kirchen den Glauben verbelanglost?

Ist Gott «Opium» oder «Erlösung»?

Alles ist offen. Welt und Gedanken sind transparent wie nie in der Geschichte des blauen Planeten.

Ich melde mich nach 50 Jahren Dienst als Pfarrer, als Vater von vier Kindern und Grossvater von acht Enkeln mit dem, was ich erfahren habe, zu Wort. Es ist mein kleiner persönlicher Gedanken- und Erfahrungsbeitrag angesichts der zunehmenden und immer «besser» verkleisterten Ängste: Ich setze auf Liebe, Hoffnung und Vertrauen.

Wer sind wir eigentlich?
Wer bin ich?
Warum bin ich?
Wozu bin ich?

Angesichts von mindestens 300 000 Jahren «homo sapiens» und 4,5 Milliarden Jahren «Erde» stellen wir in diesem privilegierten Jahrhundert die entscheidende Jesus-Frage: Liebst du mich? Und wenn ja, wie? Und wie weit geht deine Liebe? Bin ich geliebt?

Es ist ein Kennzeichen unserer Zeit, dass die Menschen eher in der Vergangenheit Heilendes, Wegweisendes und Antwort suchen. Abenteuerliche Projektionen in die Zukunft tragen nicht. Menschen beschäftigen sich in einem nie gekannten Ausmass mit Geschichte, mit weit zurückliegender Geschichte. Das «Mittelalter» verliert seine Finsternis und bewahrt doch seinen Zauber. Alte Kulturen in Ägypten, China, in den Anden und in Indien inspirieren Menschen des 21. Jahrhunderts, ohne dass ein «garstiger Graben» hindert. Hermeneutische Probleme, die Theologen und Philosophen des 19. und 20. Jahrhunderts beschäftigt haben, scheinen vergessen. Menschen «übersetzen» kritiklos, und – das ist das Überraschende – behaupten, die alten Wege würden heilen, die alten Wahrheiten seien tragfähig, die alten Quellen würden ihr Leben heute speisen.
Gelegentlich habe ich den Eindruck, dieses Vertrauen in die Kräfte der Vergangenheit, die Suche bei den alten Quellen ginge einfach spurlos an den «christlichen Quellen» vorbei. Als seien die Quellen unserer eigenen Religion, unserer eigenen Kultur versiegt. Als seien wir überrascht und sprachlos angesichts der «religiösen Bedürfnisse». Als sei es gar peinlich, auf christliche Meditation, auf christliche «Erfahrung» mit Religion, auf christliche «Kräfte» zu verweisen.

Dabei gibt es kaum eine Religion, die Verheissung und Kritik, Erfahrung und Reflexion, die heilende Verbindung von Vergangenem und Heutigem so eng miteinander verzahnt wie die christliche. Ja, mir scheint die christliche «Religion» die einzige, die sowohl den ethischen Herausforderungen wie den religiösen Bedürfnissen des 21. Jahrhunderts gewachsen ist. Es sei denn, sie beharrt auf Richtigkeiten, sortiert «Queres» und «Queeres» aus, verweist auf Geschriebenes und Verbrieftes.

Eine Erinnerung an die christlichen Quellen ist befreiend:
Hier findet man «Glück», aber nicht «auf Kosten von ...».
Hier erfährt man «Freiheit», aber nicht ohne «Verantwortung».
Hier wird «Schuld» thematisiert und verbaut doch nicht «Zukunft».
Hier finde ich eine «Mitte», die «die am Rand» nicht ausschliesst.
Hier erlebe ich «Ruhe» und gleichzeitige «Aufregung» über erfahrenes Unrecht.
Hier ist «Heil» keine individuelle Grösse, sondern eine kollektive. Gleichzeitig ist das «kollektive Heil» nicht an ethnische, konfessionelle, geschlechtliche oder rituelle Zugehörigkeiten gebunden.
Das «Heil» des Einzelnen bleibt gebunden an die Gemeinschaft.
Und die Gemeinschaft wird ihr «Heil» nicht finden ohne das «Glück» des Einzelnen.

In den Kirchen Handelnde sind keine Schamanen, sie sollen nicht in Verzückung geraten wie Sufis und sollen keine weltentsagenden chassidischen Wanderrabbis werden. Sie können nicht zaubern, aber sie können helfen, den Glanz Gottes, die Schönheit Gottes zu entdecken. Wie machen wir sichtbar, erfahrbar, spürbar, hörbar, singbar, riechbar – war uns doch Sehen und Schmecken verheissen (Ps 34,9) –, wie freundlich Gott ist?

Menschen auf der Suche suchen Menschen «mit Erfahrung». Wer Pfingsten und Totensonntag, Ostern und Karfreitag, Scheitern und Gelingen – wer das «erlebt hat» – wird verständlich von Gnade reden, wird Vergebung übersetzen und Rechtfertigung leben können,

und wird im Zweifel nicht nur Rückgrat predigen, sondern sich selbst auch aussetzen können. Ohne diese (Lebens-)Erfahrung bleibt alle Wissenschaft so wirkungslos wie ein Kugelschreiber ohne Mine.
Glaube ohne «Erfahrung» wird blutleer. Menschen suchen geistliche Begleiterinnen und Begleiter, die Erfahrungen mit Riten, Erfahrungen mit Tod und Leben, mit Schuld und Vergebung, mit Zweifel und Hoffnung gemacht haben. Kinder fragen: «Ist das wirklich so, Mama, Papa?» Und sie meinen damit, ob die Eltern gesehen, gespürt, erlebt haben, was sie sagen. Schulweisheiten können sie aus Büchern lernen. Lebensweisheiten lernen sie, wenn sie sich anlehnen können an verlässliche Erfahrene, die tun, was sie sagen.
Ich kann mir wohl sagen: Ich bin ein toller Hecht. Ich kann mir aber nicht oder nur folgenlos sagen: Ich liebe mich. Oder: Ich segne mich. «Ich liebe dich» oder «Ich segne dich» muss mir ein anderer sagen.

Ich wende mich an die Gemeinschaft. Und in der Gemeinschaft wende ich mich an die, die Erfahrungen gemacht haben, die den Schatz der Erfahrung anderer bewahren und weitergeben. Ich wende mich an Menschen, die Tradition pflegen, Erinnerung einüben. Ich komme mit meinem Scherbenhaufen, mit meinen bruchstückhaften Erfahrungen, mit meiner Sehnsucht nach Ehrlichkeit und Heimat zu Menschen, die Erfahrungen mit Gott nicht nur studiert, sondern auch Erfahrungen mit Gott «wirklich» gemacht haben und machen. Sie müssen nicht alles wissen und können. Sie brauchen nicht ohne Fehler zu sein. Sie müssen nicht auf alle Fragen eine Antwort haben. Aber ich muss spüren, dass sie selbst ergriffen sind.
Im Englischen wird das sehr schön in dem Wort «remember» deutlich. «Member» ist ein Teil, Glied eines Ganzen. «Re-member» – das Er-Innern – ist das Wiedereingliedern, das Heilen, das Wiederentdecken des Ganzen.
Als Christin und Christ ist mir das mit der Taufe zugesagt: Das Einswerden mit der Gemeinschaft, das Einswerden mit Gott, die

Entdeckung: Ich bin Teil des Leibes Christi. Bin Teil eines Ganzen. Ich bin nicht vergessen. Ich bin er-innert. Ich bin re-membered.
Es ist eine Binsenweisheit, dass mein Glaube der Gemeinschaft bedarf. So wie die Gemeinschaft meines Glaubens bedarf.
Sicherlich stehe ich als Einzelne und als Einzelner vor Gott. Aber ich stehe als Einzelne und Einzelner nicht allein. Ich stehe in der Gemeinschaft mit Christus, in der Gemeinschaft der Heiligen, in der Gemeinde der «unsichtbaren Kirche». Ich stehe als Christ vor Gott, und damit als Glied am Leib Christi. Getauft auf seinen Namen, in seiner Kirche.

Fragt man mich nach meinem Glauben, dann bin ich manchmal um eine Antwort verlegen. Aber in so wichtigen Dingen macht man anderen nichts vor.
Und dann höre ich die Lieder; bete das Vater Unser in der Gemeinde; sehe Kinder nachwachsen voll Vertrauen; besuche Kranke, dem Ja trotz aller Krankheit näher als dem Nein; sehe strahlende Augen und spüre Hände, die bleiben; erlebe, wie Menschen teilen; begegne staunend Christen aus anderen Kontinenten und Kulturen; spüre den Heiligen Geist als die schöpferische und heilende Kraft Gottes in der einen Welt.
Mehr und mehr entdecke ich diese Gemeinschaft der Heiligen als grosse Gnade. Die Gemeinde als eine Gnade mit freiem Zutritt in die Weite und Offenheit Gottes.

Und dann spreche ich mit:
Ich glaube an den Heiligen Geist.
Die heilige christliche Kirche.
Die Gemeinschaft der Heiligen.
Die Vergebung der Sünden.
Die Auferstehung der Toten.
Und die zukünftige Herrlichkeit, die Gott geben wird.
Das spreche ich dann nicht vor.
Das spreche ich mit.

Spiritualität – Einladung in die Innenräume des Glaubens

Es ist längst Zeit für eine «innere Mission».
Die Menschen auf der Suche sind wir selbst. Wir in den Kirchen Handelnde sind am meisten gefragt, wenn es um spirituelle Hilfestellung geht. Wir sind als «Profis» gefragt, sind ausgebildet, geschult, gelegentlich sogar von sonstiger «Arbeit» freigestellt. Und leiden selbst am meisten unter «Gottesfinsternis», «Christusfinsternis», an «spiritueller Sprach- und Mutlosigkeit». Die Kirche mitsamt ihrer Verkündigung ist harmlos geworden, ohne Belang für die Menschen auf der Suche. «Harm» bedeutet auf Deutsch: «von aussen zugefügte, tiefe, seelische Verletzung, Schmerz, Leid oder Schaden».
Mit anderen Worten: Wir wollen keinen Schaden. Wir wollen nicht anecken. Wir wollen nicht verzichten müssen. Wir stehen nicht auf. Wir bleiben sitzen. Wir verwalten. Harmlos sind wir geworden. Und ausgewogen. Wir sind zu einer Sitzungskirche geworden. Eine Begegnungskirche war gemeint.
Wir haben alle möglichen Techniken gelernt – exegetische und didaktische, psychologische, therapeutische und sogar betriebswirtschaftliche. Wir sind in Sachen Kommunikation auf dem neuesten Stand, können delegieren und haben keine Scheu, zu leiten. Aber «glauben», gar «öffentlich glauben» kam in unserer Ausbildung nicht vor.

Und so wissen wir, wie ein Predigtanfang oder ein Predigtschluss zu gestalten ist, wie man Sponsoren gewinnt und Mitarbeiterinnen motiviert, was Jugendliche nonverbal ausdrücken wollen und was den systemischen Ansatz in der Therapie auszeichnet. Allein – wir schweigen über unseren Glauben. Religion ist Privatsache. Selten habe ich diesen «aufgeklärten» Satz so deutlich und bedrückend erlebt wie unter Pfarrerinnen und Pfarrern.
Das betrifft – natürlich – nicht die Predigt im geschützten Raum und Rahmen eines liturgisch festgelegten Gottesdienstes. Das be-

trifft nicht den Unterricht, in dem ich mit klar verteilten Rollen agiere. Das gilt nicht beim Vortrag der Erwachsenenbildung, bei der «Andacht» in einem Gemeindekreis oder bei der Ansprache auf dem Ehrenfriedhof. Überall dort ist meine Rolle klar definiert. Damit stellt sich nur noch die Frage, «wie» ich das Erwartete sage – ob spannend oder langweilig, ob konkret oder allgemein, ob wortgewandt oder zögerlich.
Wir sind zudem nicht nur als Einzelne ausgebildet, wir sind auch als Einzelne gefragt. Das «Team» ist kein Ansprechpartner bei der Ehekrise, und der Arbeitskreis ist bei einem Sterbefall ebenso wenig gefragt wie bei einer Beichte.

Ich halte das auch für einen grossen Schatz der evangelischen Kirche: Hier steht bei der Predigt und bei der Seelsorge tatsächlich eine Einzelne oder ein Einzelner mit seinem «Zeugnis», mit seinem «Rat» da. Evangelium lässt sich verorten. Seelsorge wird persönlich. Die Gesprächspartner tragen Namen, sind haftbar und haben ein Gesicht.
Umso wichtiger ist es, dass wir den Weg in die Krypta religiöser Erfahrung nicht allein gehen. Dass die Innenräume des Glaubens nicht in Zellen enden, hinter verschlossenen Türen und bei verordnetem Schweigen.

Die Krise der Kirche, die Krise der Verkündigung ist auch die Krise, dass sie der Stille nicht mehr gewachsen ist, das gemeinsame Horchen verlernt hat, erschüttert ist über die Missklänge, die aus dem Innern nach aussen lärmen, wenn sie einmal zur Ruhe kommt. Kirche, die «dranbleiben» will, hetzt hinterher, schreit, winkt mit fahrigen, verzweifelten Bewegungen, wirft weg, was beim Rennen hindert. Der Leib, der übrig geblieben ist, atmet noch, dampft vor Schweiss, denkt und rechnet und predigt und verwaltet und hilft noch – allein, es fehlt ihm die Seele. Und die Seele ist es, die den Menschen und die auch die Kirche zum Glänzen bringt.

Der gemeinsame Gang in die Innenräume des Glaubens, in die Krypta der religiösen Erfahrung ist der derzeit wichtigste Weg, den Menschen in geistlichen Berufen gehen können. Wenn wir diesen Weg nicht gehen, befürchte ich, dass wir im Konzert der spirituellen Angebote ausgemustert werden. Es gibt kein «belangloses» Instrument bei einem Orchester. Aber wenn unser Glaube nicht mehr klingt, oder durch belanglose eigene Geschwätzigkeit übertönt wird, haben wir uns vom Konzert verabschiedet.
Wie kommt Glaube zum Klingen? Ich meine, das käme aus der Stille. Aus dem Staunen und Schweigen. Aus dem Hören und Aushalten. Es gibt dabei nicht den Königsweg. Jede und jeder wird ihren und seinen Weg finden müssen. Entscheidend bleibt, ob der Weg gemeinschaftsfähig ist. Ob er evangelisch einlädt oder überheblich trennt. Ob er für andere Fremdsprache bleibt oder zum gemeinsamen Sprechen anstiftet. Ob meine Erfahrung die anderen beflügelt. Ob ich offen bin und mich freue auf die Erfahrung der anderen. Ob meine Spiritualität ökumenisch ist oder provinziell.

Menschen, die in den Kirchen Verantwortung tragen, spüren längst die Not. Noch sprechen sie keine gemeinsame Sprache. Ich kenne das Dilemma dessen, der «öffentlich glaubt». Richtig ist: Ich soll nicht mich predigen, sondern Christus. Richtig ist aber ebenso: Hier spricht ein «Ich» und nicht ein Stück Holz. Richtig ist: Ich soll in Unterricht, Gottesdienst und Seelsorge nicht mich selbst zum Kriterium machen. Aber die Schülerinnen, die Gottesdienstbesucher und die Menschen bei der Beratung nehmen mich beim Wort und fragen: Glaubst du das? (Joh 11,26) Traust du mir das zu? Woher kommt dein Vertrauen?
Mit meinen Worten in Beratung, Predigt, Erwachsenenbildung, Chorleitung und Unterricht mische ich mich ein in das Leben anderer. Ob ich will oder nicht, ich bin beteiligt und übernehme Verantwortung. Will ich das nicht, darf ich nicht «öffentlich glauben». Will ich «öffentlich glauben», dann muss ich den Menschen nahe

sein. Dazu muss ich «bei mir sein». Der andere hat es nicht mit einem Spiegel, sondern mit einem Menschen zu tun, auf ähnlichen Umwegen unterwegs.

«Öffentlich glauben» – das wird von uns nicht nur erwartet. Die Gabe, «öffentlich zu glauben» ist uns auch verheissen. Weiss Gott nicht im Sinne penetranter Zeltmissionsbekehrungen. Auch nicht im «Jargon» der Beliebigkeit des einen oder anderen «Events». Sondern im sehr ehrlichen, auch interreligiösen Austausch über die Erfahrungen in den Innenräumen unseres Glaubens. Dieser Austausch schliesst die Erfahrung von Zweifel und Leere ebenso ein wie die Erfahrung von Glück und Fülle. Vielleicht sogar ist es heute ein entscheidendes Kriterium christlicher Spiritualität, dass ich die Erfahrung der anderen «aushalte», auf mein «aber» verzichte.

Die Entdeckungsreise in die Innenräume des Glaubens ist sensibel, ungeübt, unüblich, angreifbar, passt vielleicht gerade nicht. Doch wer glaubt, kann das nicht für sich behalten. Wer liebt, möchte Lieder singen. Wer staunt, ruft andere zum Schauen. Bei all dem ist Irrtum nicht ausgeschlossen. Die Gemeinschaft derer, die «öffentlich glauben», wird den Irrtum in Liebe korrigieren.

«Öffentlich glauben» setzt «persönliches Erfahren» voraus. «Persönliche Erfahrung» setzt voraus, «öffentlich zu glauben». Wer in diesem Prozess andere bevormundet oder beneidet, hat den Charme des 3. Glaubensartikels nicht verstanden.

«Gegen andere glauben» – das geht nicht.
Glauben geht nur mit anderen zusammen.
Freude geht nur mit anderen zusammen.
Kirche geht nur mit anderen zusammen.
Liebe geht nur mit anderen zusammen.
Frieden geht nur mit anderen zusammen.
Zukunft geht nur mit anderen zusammen.

Die Menschen warten auf eine überzeugende, echte Antwort auf die Frage nach dem Tod, nach einem weiten Leben, nach einem Gott, den niemand sieht und einem Christus, den sie im Herzen spüren möchten. Die Menschen warten auf Brücken über Gräben, auf den Frieden Gottes.

Ich bin zutiefst davon überzeugt, dass der Gang in die Innenräume und das Abtasten dieser Innenräume unseres Glaubens, schliesslich der ehrliche Austausch über die Erfahrungen in der individuellen «religiösen Krypta», in einer gemeinsamen ökumenischen Sprache mündet, die nicht nur uns selbst erstaunt, sondern auch andere befreit, «öffentlich zu glauben».

Suche ich einen Sammelbegriff für all die Sehnsüchte, die wir in uns tragen und denen wir als Angehörige geistlicher Berufe begegnen, dann finde ich ihn am ehesten in einem alten Wort: Segen.

Menschen haben Sehnsucht nach Segen, möchten gesegnet leben, gesegnet werden, selbst ein Segen sein.

Und wir von der Kirche sind Fachleute für Segen.

Spiritualität ist Leben in gesuchter oder erfahrener Gegenwart des Segens.

Eine geistliche Entdeckungsreise

Die Krisen scheinen uns wegzuspülen. Seit Jahren legt sich ein dunkles Hintergrundrauschen wie ein Schatten auf unsere Seele. Corona, zwei Kriege, die uns «angehen», Erdbeben, Überschwemmungen, Klimakatastrophe. Wie Schleierwolken. Die Sonne kommt nie ganz durch. Ein Dauerschatten.
Diese wunde Zeit klagt die Erfüllung von Verheissungen ein. Es geht nicht nur um Sehnsüchte und Wünsche. Da ist «Leben in Fülle» (Joh 10,10) verheissen. Wir sind – das ist meine tiefe Überzeugung – kompetent, wenn es um Antworten geht. Wir als kirchliche Mitarbeiterinnen und Mitarbeiter sind getauft, ordiniert, beauftragt, dieser Verheissung Geltung zu verschaffen. Ich beschreibe Kompetenzen, die die Kirche Jesu Christi als reichen Schatz besass und m. E. noch besitzt. Das Zusammengetragene ist eine Bilanz meines Nachdenkens und meiner Erfahrung mit Leben und Glauben und Kirche. Menschen trauen ihrer Kirche und den Angehörigen geistlicher Berufe immer noch eine grosse geistliche Kompetenz zu. Mir ist dieses Zutrauen in fünf Jahrzehnten Seelsorge und Pfarrdienst immer wieder begegnet. Meist habe ich gestaunt, denn ich wäre zurückhaltender gewesen. Oft war ich dankbar, denn die Menschen sahen über meine Fehler, meine Defizite hinweg auf mein Amt. Gelegentlich war ich abweisend, wollte mich nicht übernehmen, traute meinen Charismen nicht über den Weg und mich mit meinem Glauben nicht auf die Strasse.

Ich beschreibe, was mir und vielen anderen im Alltag entgegengebracht wird. Es ist die Sehnsucht der Menschen nach einem gelingenden, heilen, sinnvollen Leben und nach einem gnädigen Sterben. Es ist die Sehnsucht, da blieben am Ende mehr als die paar Scherben in der Hand.
Mit ihrer Sehnsucht kommen Menschen zu uns in der Hoffnung, wir hätten die spirituelle Kompetenz. Könnten Wege lesen, Zeichen deu-

ten, Segen zusprechen, Steine wegräumen, Gott zum Eingreifen bewegen. Hätten Einsichten in Geheimnisse und Verständnis für Umwege. Hätten einen Vers für die Schuld, einen Reim auf den Tod und einen Spruch gegen die Not.
Ich suche einen geistlichen Weg, der verantwortlich, tröstlich, segensreich mit diesen virulenten Erwartungen umgeht. Die Sehnsucht nach gelingendem Leben, nach gnädigem Sterben und selbst nach einer heilenden Kraft gegen jeden Tod entspringt nicht der Hybris des Menschen, sondern seiner spirituellen Quelle, dem Segen Gottes.

Ich will die Sehnsucht der Menschen, ihre Fragen und unsere begrenzten Antwortmöglichkeiten in einer Reihe von Punkten beschreiben. Sie, liebe Leserin, lieber Leser, müssen diese Sehnsüchte nicht alle teilen. Aber Sie werden einige teilen. Und wenn Sie das eine oder andere als Sehnsucht in sich spüren, wenn die zusammengetragenen Erwartungen der Menschen in Ihnen selbst zu klingen beginnen, dann verstehen Sie besser als mit jeder Begriffsdefinition, wie ein spirituelles Leben aussehen könnte.
Nicht jede Sehnsucht ist bei uns an der richtigen «Adresse». Es ist wichtig, dass wir früh unterscheiden und deutlich sagen, was «bei uns» zu erwarten ist und was nicht. Ich nenne nur Sehnsüchte, deren Sinn uns bestätigt, deren Erfüllung uns verheissen ist. Deshalb gehört das «Lesen» in der biblischen Tradition ebenso zu dieser geistlichen Entdeckungsreise wie das «Hören» auf die Tradition und die Erwartungen der Gemeinde.
«Öffentliches Glauben» und «beauftragtes Reden» wiederum geschieht nur dort wirklich verantwortet, wo gebetet wird. Wer «evangelisch» redet ohne zu beten, wird rasch zum Scharlatan.

Schliesslich werden wir bei dem Geschriebenen nicht stehen bleiben können, sondern neue, eigene Wege gehen, geistliche Erfahrungen machen, weiter gehen und die Weite des Reiches Gottes ausloten: «Denn so hat uns der Herr geboten: Zum Licht für die Völker habe ich dich bestellt, damit du zur Rettung werdest bis an die Enden der Erde.» (Apg 13,47) Wir sind berufen, «ins Offene zu glauben».

Die Mitte geistlicher Erfahrung allerdings ist das, was zwischen Zuspruch und Anspruch geschieht, meine eigene Erfahrung. Ordination und Beauftragung, Taufe und Zuspruch begleiten mich – ganz im Sinne der Reformation – bis hierher. Nun wird es «kritisch». In meinem Alltag entscheidet es sich, entscheide ich mich, scheiden sich die Geister, gelingt oder misslingt das «Ein-gliedern».

Danach erst sollten wir über den Anspruch reden, über Aufgabe und Weg, über Mission und Ankunft. Und auch dann nicht so, «als ob wir schon hätten». Aber doch so, als ob uns ein Licht in die Hand gegeben ist, einen Weg auszuleuchten, der uns selbst noch fremd ist. Und von dem andere der festen Überzeugung sind, wir seien kundig.

Diese Spannung zwischen «fremd sein» und «kundig sein» macht geistliches Reden und Tun zu einer besonderen Herausforderung, ruft uns in besondere Verantwortung und holt uns aus der Schwärmerei recht schnell zurück auf den Boden. Das ist gesund so. Denn wir sind keine Elite. Wir sind von den anderen freigestellt (manche unter uns auch bezahlt), um Glauben zu studieren, zu leben und danach einladend öffentlich zu erzählen.

INNEHALTEN.
WEITERGEHEN

Begegnung mit Gott

Ich erlebe

Menschen suchen die Begegnung mit Gott. Ich kann es drehen und wenden, ich kann es relativieren und deuten: Sie sind unterwegs wie ich. Sie sind unterwegs wie Dietrich Bonhoeffer, Martin Luther, Ulrich Zwingli, Hildegard von Bingen, Mutter Theresa und all die Grossen. Alle suchten sie einen Platz, an dem ihre Seele Ruhe findet, ihre Frage eine Antwort, ihr Leben einen Sinn.
Die Grossen sind mir nicht entscheidend voraus, und die Kleinen sind nicht meilenweit zurück. Im Grunde suchen wir alle, ob vor tausend Jahren oder in tausend Jahren das Eine: Gewissheit. Und für Gewissheit steht erst einmal der so schillernde Begriff «Gott». Ist Gott, dann ist alles bezogen auf Gott. Ist Gott nicht, dann ist alles «entsetzt», hat keine Setzung, keinen Ort, keinen Sinn. Bleibt ausgeliefert dem Zufall und der ist der blanke Hohn. Kennt keine Antwort und keine Gerechtigkeit. «Gott» füllt alle Zwischenräume.
Die Sehnsucht nach Gott ist die Sehnsucht nach Liebe, nach dem Grund meines Seins, oder wie Paul Tillich es immer wieder betont, die Sehnsucht «nach dem, was uns *unbedingt* angeht.»
Matthias Beier schreibt, Eugen Drewermann zitierend: «Wir fragen nach Gott nicht, um irgendetwas in der Welt und unserem Leben objektiv zu erklären oder um einen Grund für die objektive Welt, für das Sein zu finden. Wir fragen nach Gott, obwohl er aus der Welt nicht objektiv bewiesen werden kann, nur aus einem Grund: Dieser ‹Grund sind einzig wir selbst. Die Ungegründetheit der Person ist recht eigentlich der Grund der Gottesidee›. Denn nachdem die Naturwissenschaften und die Sozialwissenschaften die Welt empirisch klar und deutlich beschrieben haben, werden wir gewahr, dass ‹die Person inmitten einer so erklärten Welt etwas an sich Unnötiges, Überflüssiges, Fremdes› ist, und uns wird unendlich Angst.

Die Erklärung der Welt gibt keine befriedigende Antwort auf die wichtigste Frage im Leben eines jeden Menschen: die Frage nach der Individualität unserer Existenz und unseres Schicksals.»»[2]
Drewermann selbst: «Damit wir als endliche Personen zu existieren vermögen, bedürfen wir der Absolutsetzung, der Verunendlichung dessen, was uns wesentlich möglich gemacht hat; die Absolutheit, die Unendlichkeit der Liebe aber – das ist Gott als Person. Und ihr zu vertrauen, an sie zu glauben ist der alleinige Grund unseres eigenen Personseins.»[3]

Menschen suchen die Begegnung mit Gott als Antwort auf den Sinn ihres Lebens. Sie trauen mir zu, ihnen dabei eine Hilfe zu sein. Sie sind überzeugt, ich könnte ihre Erfahrungen deuten, ihre Wege sortieren. Sie meinen, ich sei Gott begegnet und könne unterscheiden zwischen Projektion und Erfahrung.
Mir ist eine Aufgabe übertragen. Ich bin getauft, beauftragt, ordiniert, gesegnet.
Die Verheissungen beginnen schon mit meiner Taufe.
Unsere Kirche, die Menschen trauen mir nicht alles, aber wichtige Dienste zu. Nicht alle Gaben sind mir verheissen. Aber auf den mir anvertrauten Gaben liegt ein Segen.
Mir ist wie allen anderen Angehörigen geistlicher Berufe mit allen Getauften zugesagt: «Ihr werdet aber Kraft empfangen, wenn der heilige Geist über euch kommt, und ihr werdet meine Zeugen sein ... bis an die Enden der Erde.» (Apg 1,8)

Ich lese

Gott ist Mose begegnet und Abraham. Mose musste wegschauen, durfte hinter Gott herschauen, weil niemand Gott sehen kann, ohne zu sterben.
Menschen der Bibel begegnen Engeln, Boten Gottes.

Menschen – so erzählt das Neue Testament der Bibel – begegnen Jesus und spüren die Kraft, die von ihm ausgeht. Macht Gottes. Sie begegnen ihrem Heiler, sie begegnen Gott nicht mehr von hinten gesehen, sondern von Angesicht zu Angesicht.
Ohne die Begegnung mit Gott verkommt Glaube und Religion zur Lehre, blutleer, rechthaberisch, eine Waffe im Streit, ein Machtinstrument.
So verheisst Jesus seinen Jüngern den Heiligen Geist, denn ohne ihn können sie nichts tun, wissen nicht einmal, was sie beten sollen. Können nicht unterscheiden, weil sie ohne Orientierung sind.

Ich frage

Wo begegnen Menschen in unseren Gottesdiensten und im Alltag der Gemeinde Gott?
Wo füllt Gott die Zwischenräume ihrer Fragen und Antworten?
Wo spüren, hören, sehen sie Gott von Angesicht zu Angesicht?
Wo kriegen sie Gott zu fassen, nicht nur als bedrucktes Papier, sondern als lebendiges Wort, als zärtliche Hand, als zupackenden Griff und als offenes Ohr?

Ich entdecke

Eltern bringen ihr Kind zur Taufe. Oft wissen sie auf die Frage «Warum?» keine Antwort, sind verlegen. Setze ich mich an ihre Stelle und lese ihre Gedanken, dann höre ich: «Das musst doch du besser wissen. Du bist doch für Gott zuständig. Du kennst ihn doch besser. Du legst doch die Hand auf. Du sagst doch, Taufe sei etwas Gutes. Deshalb kommen wir doch zu dir mit unserem Kind. Warum fragst du uns?»
Kinder aus konfessionell nicht gebundenen Familien melden sich zum Konfirmandenunterricht an. Wenn man sie fragt «Warum?», sind sie

verlegen. Setze ich mich an ihre Stelle, dann höre ich: «Du lädst doch zum Konfirmandenunterricht ein. Du weisst doch was von Gott. Du redest doch von Liebe und Frieden und so. Und da draussen ist Krieg. Da haben sie Hunger. Ist doch alles klar. Warum fragst du mich?»
Ich entdecke: Glaube lädt immer noch ein. Kirche kann faszinieren. Gott und das «Geheimnis des Glaubens» sind reale Grössen im Leben der Menschen.

Ich bete

Um deinen Heiligen Geist
bitte ich, Gott.
Mache mich weit und offen:
an deiner Grösse nicht zu verzagen;
an deiner Niedrigkeit nicht vorüberzugehen;
an deiner Weite nicht zu scheitern;
an deiner Liebe nicht zu zweifeln.
Um deinen Heiligen Geist
bitte ich, Gott.
Sie fragen nach dir.
Ich möchte dir begegnen.
Du weisst, wo du mich findest.

Ich gehe weiter

Mit dem einen, der mir erzählt, dass er Gott in der Natur entdecke, vereinbare ich einen gemeinsamen Spaziergang durch den Wald.
Mit der Konfirmandin, die neu zugezogen ist und die niemanden kennt, gehe ich ein Eis essen.
Ich sage nicht «aber», wenn der Greis mir sagt, seine Gotteserfahrung stamme aus der Zeit im Schützengraben, als andere von Kugeln

getroffen wurden, nicht er. Ich lade ihn ein zu einem gemeinsamen (stillen) Gebet für die damals Verstorbenen.

Ich weiss, Gott ist im Verborgenen (Ex 3) oder gar in Träumen (Gen 27 u. ö.) oder Ahnungen. Bleibt doch den Jüngern Jesu alles ein Rätsel. Vierzig Fragen sind überliefert (Lk 8,25 u. ö.).[4]

Ich übe, auf zungenschnelles «aber» zu verzichten.

Ich lade ein zu gemeinsamen Wegen.

Schönheit, Klarheit und Glanz

Ich erlebe

Gott schenkt den Menschen ein Gespür für das Schöne.
Auf der Suche nach Schönheit, Klarheit und Glanz kommen die Menschen zur Kirche. Sie vermuten Klänge und «Selten-Gehörtes». Sie suchen klare Worte, «echt» Wahres und einen Zuspruch, der über das «Auf Wiedersehen» hinaus bleibt. Sie sind in der Not, einem stets wechselnden Begriff von Schönheit in der Werbung im Beruf schnell vergehen.
Menschen haben den berechtigten Wunsch nach «schönen Gottesdiensten», «schönen Liedern», «schönen Festen».
Dabei gibt es die fatale Reaktion von uns protestantischen Pfarrern: Wir wollen eigentlich gar nicht, dass die Menschen sagen, der Gottesdienst sei «schön» gewesen. «Die «Schönheit» macht den Gottesdienst verdächtig; die Feststellung einer «schönen Predigt» bringt uns in Selbstzweifel.

Ich lese

Altes wie Neues Testament preisen die Ehre, die Schönheit, den Glanz, die Herrlichkeit und Majestät Gottes (kabod, doxa u. a.).
Was auf Christus angewandt z. B. im Kolosserbrief zu der Beschreibung führt: «Er ist das Ebenbild des unsichtbaren Gottes, der Erstgeborene vor aller Schöpfung ... Denn es gefiel Gott, seine ganze Fülle in ihm wohnen zu lassen». (Kol 1,15.19 u. ö.)
Und ein Engel des Herrn trat zu ihnen, und der Glanz des Herrn umleuchtete sie (Lk 2,9).
Petrus, Jakobus und Johannes machen auf dem Berg Erfahrungen mit der «Verklärung» Jesu und wollen bleiben. (Mk 9,2–8 par)

Die Zürcher Bibel übersetzt Ps 27,4: «Eines nur habe ich vom HERRN erbeten, dies eine begehre ich: zu wohnen im Hause des HERRN alle meine Tage, zu schauen die Freundlichkeit des HERRN und nachzusinnen in seinem Tempel.»

Wie eng Gottes Schönheit, Ehre und Angesicht miteinander zusammenhängen, macht die schon erwähnte Stelle Ex 33,18–23 deutlich: Mose will die *kabod* Gottes sehen. Gott antwortet: «Ich selbst werde meine ganze Güte an dir vorüberziehen lassen». Die Einheitsübersetzung und jüdische Auslegungen übersetzen: «Ich will meine ganze Schönheit an dir vorüberziehen lassen.»

Philipp Spitta schliesst sein Gedicht von der Herrlichkeit der Erde und der Schönheit Gottes:

«Wenn am Schemel seiner Füße
und am Thron schon solcher Schein,
o was muss an seinem Herzen
erst für Glanz und Wonne sein.»

Ich frage

Warum ist Schönheit des Gottesdienstes, Schönheit Gottes, Schönheit Jesu unter Angehörigen geistlicher Berufe oft so verpönt?
Warum drücken wir uns weg, finden es gar peinlich, wenn uns gesagt wird: «Dieser Gottesdienst war schön.»?
Wo und wann und wie kommt mein Alltag zum Glänzen?
Wann erlebe ich in der Gemeinde, dass Gesichter glänzen, strahlen?
Wo im Gottesdienst wird dieser Glanz spürbar und wird etwas von Gottes Liebe klar, so dass es alle erfahren.

Ich entdecke

Am Ausgang des Gottesdienstes spricht mich eine Frau an und sagt: «Das war heute ein richtig schöner Gottesdienst.» In der Teestube nach dem Gottesdienst frage ich nach. Sie meinte eigentlich gar nicht die Predigt. Die habe sie nachdenklich gemacht, und mit dem, was ich gesagt habe, sei sie «noch nicht ganz fertig». Nein, es waren zwei oder drei Lieder, die sie gerne gesungen hat, auch das Orgelvorspiel. Überhaupt, sie sei schon auf dem Weg zur Kirche so beschwingt und leicht gewesen ...
Konfirmandinnen und Konfirmanden sitzen in einem abgedunkelten Raum auf dem Boden rund um die Osterkerze, etwas Brot und Traubensaft, ein Holzkreuz. Viele Teelichter liegen in der Mitte. Jeweils eine Konfirmandin oder ein Konfirmand zündet ein Licht an, stellt es vor ein anderes Mitglied der Gruppe und setzt sich wieder. Das Licht breitet sich aus, bis alle im Kreis ein Licht vor sich haben. Dazu ein Lied, ein Gebet, Stille. Mehr nicht. «Das war wunderschön gestern», sagen einige Mädchen am nächsten Tag. Ein Mädchen ergänzt: «Da ist klar geworden, was Sie mit Gemeinschaft meinen.»
Ich entdecke: Glanz und Schönheit sind nicht Zugabe und Beiwerk. Glanz und Schönheit sind das Wesen, die Mitte der Dinge. Ich kann Glanz und Schönheit nicht «machen». Ich kann dieser Erfahrung allerdings den Boden bereiten, oft gerade mit einfachen Mitteln. Und ich kann mich darauf verlassen, dass die Menschen nicht nur die Sehnsucht nach Schönheit und Glanz mitbringen. Sie sind selbst Träger des Glanzes.

Ich bete

Schenke mir Augen für die Schönheit der Schöpfung.
Schenke mir Ohren für die Klarheit deines Wortes.
Schenke mir ein Gespür für den Glanz,

den der Schöpfer auf die ganze Schöpfung legt.
Lass mich teilhaben am Ostermorgen.

Ich gehe weiter

Ich wehre niemandem mehr, winke nicht ab und relativiere nicht mehr, wenn jemand davon spricht, der Gottesdienst, die Predigt, das Konzert, das Fest sei «schön» gewesen. Ich sage allenfalls, dass ich «verausgabt» bin. Und das stimmt auch – nach jedem Gottesdienst.
Ich übe, mich zu freuen.
Ich versuche zu verstehen, dass Menschen nicht nur meine Arbeit schätzen, sondern sich freuen, wenn auch mein Gesicht vor Freude strahlt.
Ich will mich um die Schönheit meiner Sprache bemühen. Menschen trauen uns zu, dass wir durch den kontinuierlichen Umgang mit dem Wort, in der Stille, im Lesen und Nachdenken ihre Sprache gestalten können. Das gilt nicht nur, aber doch in besonderer Weise für die Predigt.
Evangelische Predigt erfährt in unserer Gesellschaft immer noch eine hohe Anerkennung. Ich muss kein Dichter, kein Poet sein, aber ich soll mich um die Kultur meiner Sprache bemühen.

Das eigene Mass

Ich erlebe

«Mehr ist im Augenblick wirklich nicht drin», sagt sie. Sie meint Geld oder Zeit oder Kraft. Und ich glaube ihr.
Ich würde auch gerne manchmal sagen: Mehr ist nicht drin. Es ist gesund, das zu sagen. Es ist richtig, sein Mass zu kennen. Es ist eine der entscheidenden Lebensaufgaben, eine der grössten Herausforderungen, das eigene Mass zu finden. Es muss ein heilendes Mass sein. Dass ich mich nicht übernehme. Dass andere mich nicht überfordern oder unterfordern. Man kann sich auch einmal übernehmen, aber nicht auf Dauer. Man kann sich auch einmal verweigern, aber nicht auf Dauer. Ich muss mein Mass kennen, sonst werde ich zerrieben oder meine Gaben werden nicht wahrgenommen.

Ein Mensch kann nicht mehr geben, als ihm gegeben ist. Oder was die anderen ihm gelassen haben. Das ist sein Mass.
Darunter ist Langeweile. Darüber ist Herzinfarkt.
Darunter ist Unzufriedenheit. Über dem Mass ist purer Stress.
Darunter ist Jammern. Darüber ist Ausgebeutet-Werden.
Menschen, die ihr Mass nicht kennen, sind sich selbst und anderen eine Last.

Mehr und mehr Menschen können sich nicht mehr konzentrieren; nicht mehr sammeln, was da auseinandertreibt. Die meisten Menschen sind irgendwie nicht «ganz dabei». Geben etwas, trauen sich ein wenig, müssen sich entscheiden zwischen hier und dort, wollen keinen enttäuschen.
Doch ich kann nicht in einem Chor singen, wenn ich dem Chor meine Stimme «leihe». Ich muss mit Herz, Mund und Händen dabei sein. Der ganze Mensch muss singen. Und wie erst, wenn es um

mein Leben vor Gott geht. Der ganze Mensch muss glauben.
Es ist keine Frage der Zeit, ob ich ja oder nein sage.
Es ist eine Frage des Glaubens.
Die ganz praktischen Fragen, die uns in unserem Leben bewegen, sind Fragen des Glaubens.

Ich lese

«Wem aber viel gegeben wurde, von dem wird viel gefordert werden; und wem viel anvertraut wurde, von dem wird man umso mehr verlangen.» (Lk 12,48) Das kann Angst machen, das kann aber auch eine Verheissung sein.
Paulus gibt, als man ihn um Rat fragt, was denn nun gut und richtig sei in Glaubensfragen, den Rat: «Prüft aber alles, das Gute behaltet!» (1Thess 5,21)
Das Ausloten der Grenzen auf der Suche nach dem rechten Mass ist gut und wichtig, doch die Prüfung ist kein Selbstzweck, die Suche hat ein Ziel.
Nicht ein Teil unseres Lebens, die frommen Gefühle, die geistreichen Diskussionen, die Zeiten der Stille oder die Meditationen sind ein Gottesdienst. Unser ganzes Leben sei ein Gottesdienst. (Röm 12,1)
Für das rechte Mass zwischen Arbeit und Ruhe, zwischen Nächstenliebe, Gottesliebe und Selbstliebe finden sich hilfreiche Hinweise im Doppelgebot der Liebe und im Dekalog.
Masslosigkeit macht das Herz schwer (Lk 21,34), das gilt nicht nur für Essen und Trinken, Arbeit und Hingabe, für Fasten und Opfer, sondern auch für den Glauben. Glauben ohne Mass macht fanatisch.

Ich frage

Kenne ich das Mass meines Glaubens – und wenn ja, wie sieht es aus?
An welcher Messlatte messe ich?
Wann bin ich «zufrieden»?
Oder muss ich ein Leben lang suchen?
Soll ich mich in den Glauben stürzen?
Soll ich masslos glauben?
Oder reicht es, dass Gott mich masslos liebt?
Wie ist das mit dem Abwägen zwischen Familie und Beruf, zwischen «Privatleben» und «Dienst»?
Habe ich mein heilendes Mass gefunden, das mir Leib und Seele zusammenhält, das meine Familie nicht überstrapaziert, meine Ehe nicht gefährdet?
Wo finde ich Antwort auf die Frage, was Gott für mein heilendes Mass hält?
An wem messe ich mich?
Warum an ihr, an ihm, und warum nicht an anderen?
Warum hänge ich die Messlatte oft zu hoch, wenn Gott selbst doch die Niedrigkeit zu seinem Ort und zu unserem Heil erklärt?
Wer in der Gemeinde, in der Kirche spricht mit mir über mein Mass?
Wer hält mich zurück, stoppt meinen Eifer?
Wem vertraue ich mich an?
Wo ist der Ort in unserer Gemeinde, an dem diese Fragen ohne Vorwurf, in heilender Absicht zur Sprache kommen?

Ich entdecke

Masslosigkeit macht einsam.
Die Gemeinschaft, in der einer des anderen Last trägt, in der «Schwache» und «Starke» sich in Liebe begegnen und gegenseitig zum Kor-

rektiv werden, schützt vor Masslosigkeit und kann Masslose heilen.
Eine Kirchenälteste bittet mit Rücksicht auf die eigene Familie um eine Einschränkung der Zahl der «Sitzungen».
Ein Mitarbeiter ist strikt dagegen, länger als 21.30 Uhr zu tagen. Er bittet, die unerledigten Geschäfte zu vertagen.
Eine Gemeinde in der Nachbarschaft propagiert ein «Fastenjahr bei Spendenaufrufen».
Ein Nachbarpfarrer bittet, das hervorragende Ergebnis der «Brot für die Welt»-Sammlung unserer Gemeinde nicht neben dem wesentlich niedrigeren Ergebnis seiner Gemeinde zu veröffentlichen.
Eine Kollegin relativiert den Sinn der Zielvorgaben-Schwemme in der Kirche.
Von vier neuen Angeboten in der Jugendarbeit ist nach einem halben Jahr nur noch eines übriggeblieben.
Ein Kollege kommt mit der Frage auf mich zu, ob wir nicht gemeindeübergreifend das eine oder andere gemeinsam tun – und lassen – könnten.
Es gibt in der Gemeinschaft hinreichend Signale, die vor Masslosigkeit warnen. Mir begegnen ebenso Menschen, deren Schmerzgrenze überschritten ist, wie Menschen, die bereit sind, mir auf Zeit oder auf Dauer etwas abzunehmen. Sie helfen mir, mein Mass nicht selbst bestimmen zu wollen, laden ein zum Gespräch, nehmen den Druck. Wir vertreten das neu gefundene Mass gemeinsam. In unserer Verschiedenheit wird deutlich, dass jeder Mensch sein eigenes Mass braucht. Einer kann sich wohl am anderen orientieren, aber der Vergleich ersetzt nicht das Hören auf die Signale der eigenen Seele und des eigenen Körpers.
Auch biblische Orientierungen gelten nicht losgelöst von der Gemeinschaft. Sie gelten mir als Teil des Volkes Gottes, als Glied am Leib Christi. Solchermassen – durch meine Taufe – einverleibt, heilt die Gemeinschaft durch ihr rechtes Mass von Zuspruch und Anspruch meinen Rigorismus wie meine Trägheit, bremst meinen Übereifer und relativiert mein Lamento.

Menschen, die ihr Mass gefunden haben, sind ein Segen für ihre Umgebung.

Ich bete

Hilf mir, das rechte Mass zu finden
für Arbeit und Ruhe,
für Erwartungen und Ziele,
für Nähe und Distanz,
für Glauben und Wissen.
Schenke mir Menschen,
bei denen ich die Einsicht in Grenzen
und die Freude über Gaben
lernen kann,
ohne Angst, mich zu verlieren.

Ich gehe weiter

Ich will mein Mass neu durchbuchstabieren.
Dabei vergesse ich nicht: Es ist das Alphabet meiner Befreiung. Es geht um meine Freiheit. Gott will, dass ich lebe. Jetzt und in Ewigkeit.
Ich will mich nicht an anderen messen.
Ich bitte andere eher um einen gemeinsamen Spaziergang. Erzähle, wie mich das «Messen» umtreibt und frage, wie es ihr/ihm dabei geht.
Ich möchte mich nicht mit fremden Federn schmücken.
Ich möchte nicht unter fremden Erwartungen zerbrechen.
Ich möchte in dem Mass, das mir gegeben ist, einladend leben.

Heilung und Ganzsein

Ich erlebe

Mehr und mehr Menschen können sich nicht mehr konzentrieren. Sind nicht mehr in der Lage zu sammeln, was da auseinandertreibt. Ihnen fehlt die Mitte, die zusammenhält.
Der eine will dein Geld, der andere deine Arbeitskraft, der dritte deine Unterschrift und der vierte fünf Minuten dein Ohr, der nächste einen Rat. Hier zieht einer an dir, dort reisst ein anderer. Hier dein Ohr, dort die Augen, da die Hände – nach Stunden bist du zerrissen, kaputt. Nichts will mehr gelingen. Nichts macht mehr Freude. Andere Menschen gehen dir auf die Nerven, werden einfach zu viel. Du wirst ungerecht und aufbrausend, ungeduldig und verletzend. Du musst dich erst wieder sammeln, dich wieder richtiggehend zusammensuchen.
«Ich krieg's nicht mehr zusammen.» Da sitzt mir dieses 25-jährige Häuflein Elend gegenüber, schüttelt immer wieder den Kopf, weint: «Ich krieg's nicht mehr zusammen.» Sie hat den Faden ihres Lebens verloren, und wie in einem gestrickten Pullover läuft jetzt alles auseinander, und sie kriegt es nicht mehr zusammen. Sie kommt nicht mehr auf die Reihe.
Menschen stehen andauernd auf einer Kreuzung und sollen entscheiden, in welche Richtung es weitergeht. Haben selten den Raum und die Freiheit, mal hierhin zu gehen, mal dorthin. Müssen schauen, dass sie weg kommen von der Kreuzung, sonst werden sie überfahren. Sind gezwungen zu unüberlegten Handlungen, zu Mehrfachbelastungen, zu Lügen, zu Handlungen gegen den eigenen Willen und gegen die eigene Überzeugung. Sie fühlen sich krank, zerrissen, gezerrt, gezogen und zerrupft von all den Erwartungen und Angeboten. Sie sehen, hören und riechen all die Probierstände auf dem religiösen und Entspannungs-Markt. Doch sie wissen auch beim «Healing-hopping» nicht, wohin.

Wer meint eigentlich wirklich mich? Schnupperreisen zum Heil sind verführerisch. Die Sehnsucht nach Glück wird zur Droge. Der biblische Satz aus dem Kalenderblatt wird zum Urteil.

Ich lese

Die Menschen der Bibel erfahren, dass aus Zerbrochenem wieder Ganzes entsteht. Die «Heilungswunder» Jesu, die in beiden Testamenten überlieferten Wunder von Saras Fruchtbarkeit, über die Versorgung des hungrigen Elia durch Raben bis zur Heilung eines Aussätzigen oder der Auferweckung des Lazarus machen nicht nur einzelne Menschen wieder heil, sie machen sie auch wieder gemeinschaftsfähig:

Geh, zeig dich dem Priester (Mt 8,4).
Steh auf, nimm dein Bett und geh nach Hause! (Mt 9,6)
Und der Tote richtete sich auf und begann zu reden. Und er gab ihn seiner Mutter wieder. (Lk 7,15)

Getrennte werden vereint, Auseinandergerissene sich gegenseitig geschenkt, Ausgesonderte wieder integriert in die Gemeinschaft. Schliesslich wird im Johannesevangelium die Einheit des Sohnes mit dem Vater, die Einheit der Gemeinde zum zentralen Thema: «… damit sie eins seien, so wie wir eins sind» (Joh 17,22).
Paulus greift in den Bildern von einem Leib und vom Weinstock, an dem alle, die bleiben, Frucht bringen, diesen zentralen Gedanken auf seine Weise auf.

Ich frage

Wo und wie erlebe ich Heilung?
Wo erlebe ich mich «re-membert»? Ich will doch als Mitglied (member)

dazugehören und dabei bleiben!
Was bedeutet Heilung eigentlich? Dass ich (wieder) arbeiten kann?
Dass ich (wieder) lieben kann? Dass ich (wieder) dazugehöre?
Gibt es Heilungserfahrungen in unserem Gottesdienst?
Was meinen Menschen, die von Ganzheitlichkeit und von Heilung erzählen?
Wie gehen wir um mit Trennungen und Ehescheidungen?
Wo im Gottesdienst ist der ganze Mensch im Blick, beim Wort, im Einklang mit Gott?
Was geht in mir vor, bevor ich einen Segen spreche?
Und was in Gemeindegliedern, die gesegnet werden?

Ich entdecke

Ich werde an ein Sterbebett gerufen. Eine hochbetagte, schwerkranke Frau möchte im Kreis ihrer Familie noch einmal Abendmahl feiern, bevor sie stirbt.
Wir feiern in grossem Ernst das Mahl, wir beten gemeinsam, ich lege zum Segen die Hand auf. «Sie rufen mich an, wenn etwas ist», sage ich zur Tochter.
Wenige Wochen später steht die alte Frau vor meiner Pfarramtstür, klingelt, bedankt sich, drückt mir Sprachlosem einen Geldschein in die Hand. «Das Abendmahl hat mir geholfen, und Ihr Segen», sagt sie und lässt mich in grösster Verunsicherung zurück.
Menschen in unserer Gemeinde haben einen viel ungebrocheneren Zugang zu Wundern, eine erheblich geringere religiöse Scham. Sie bringen zusammen, «was zusammengehört»: Gott und Leben, Kirche und Heilung, Segen und Rettung, Gebet und aufrechten Gang.
Sobald ich allerdings etwas bewusst «Heilendes» versuche, spüre ich eine Versuchung, meldet sich das Gespür für Verführung und Macht. Ich werde unruhig, bleibe nicht nah bei dem Menschen, spüre, wie ich mich übernehme.

Mir ist nur gegeben, zu segnen, zuzusprechen, zu streicheln und zu umarmen. Mehr nicht. Und ich spüre das nicht als Verlust oder Minderung meines Tuns, sondern als Befreiung.

Ich bete

Um deinen Heiligen Geist
bitte ich dich, Gott.
Mach mich weit und offen
für deine Wunder.
Nimm meine schlechten Erfahrungen in Verwahrung
und heile meine Bedenken.
Verjage die Abergeister
und stille meine Sehnsucht nach tiefem Glauben.
Um deinen Heiligen Geist
bitte ich, Gott.
Sprich nur ein Wort,
dann wird meine Seele gesund.

Ich gehe weiter

«Sprich nur ein Wort, so wird meine Seele gesund.»
Kaum ein anderer Teil der katholischen Messliturgie beeindruckt mich so wie dieser Satz: «Sprich nur ein Wort, so wird meine Seele gesund.»
Sprich nur ein Wort.
Selbst wenn ich «aufgeräumt bin», wenn ich mich nicht zerrissen fühle, würde ich wahnsinnig, spräche da nicht ein anderer ein Wort. Zu zerbrechlich ist der Friede, zu vorläufig die Gesundung. Mein Glaube wäre Selbstbetrug, mein Gebet Selbstgespräch, müsste ich mir selbst zuhören.
Ich suche nicht die entlastende Diagnose, so sehr ich mich über den

negativen Befund freue. Ich suche Heilung, die weiter reicht als über einige schmerzfreie Monate und Jahre gelingender Ehe hinaus.

Ich will Vertrauen üben in Jesus Christus, den Heiler, und in die heilende Gemeinschaft derer, die sich nach seinem Namen nennen. Dort höre ich das Wort, das ich brauche, um selbst ganz zu sein. Dies Wort kann ich mir nicht selbst sagen.

Ich will mich nicht über die erheben, die sich von der Kirche abwenden, weil sie dort für ihre Krankheit keine Heilung, für ihre Kränkungen keine Salben finden. Ich will ihre Wege mit meinem Gebet begleiten.

Fast alle von ihnen sind getauft. Das sage ich ihnen nicht als Vorwurf, sondern als eine Einladung, der Taufe zu trauen.[5]

Vergebung – und die «Frage, ob ...»

Ich erlebe

Als ich 1995 ein Buch mit dem Titel «Scheidung auf evangelisch» (1998: «Wenn Wege sich trennen») veröffentlichte, gleichzeitig in mehreren Fernsehsendungen, darunter einem ZDF-Gottesdienst, das Thema «Wenn Wege sich trennen» thematisierte, meinte ein Kollege in einer Buchbesprechung, der Wunsch nach Vergebung und der Gang zum Pfarrer in Ehekrisen sei wohl eher ein süddeutsches Phänomen.

Doch ich erlebe diesen Wunsch ungebrochen. Menschen nehmen mehrere Stunden Fahrt auf sich für ein Seelsorgegespräch, nehmen die Angebote von Klöstern und Einkehrhäusern wahr, suchen nach einer heilenden Ordnung ihres Lebens. Und diese ist meist nur möglich, wenn Vergebung zugesprochen wird.

Menschen sind eigenartige und komplizierte Wesen. Eigentlich müsste man jedes dieser Wesen einzeln nehmen, zärtlich und behutsam und geduldig. Was sein soll, ist nicht. Was ist, darf nicht sein. Damit kommen Menschen nicht zurecht. Eine/Einer verwundet die/den andere/anderen, nicht wenige verstümmeln sich selbst, lachen noch angesichts schwerster Wunden. Auf engstem Raum verkriecht sich eine Seele. Menschen lassen an ihr Innerstes niemanden mehr heran.

Die wunde Seele ist Allgemeinzustand. Die Pharmakonzerne schreiben zweistellige Zuwachsraten. Menschen schuften und produzieren und machen und verkaufen – aber die Seele bleibt wund, die Träume sind längst ausgeträumt, die Energie dient der Fassade. Doch ich erlebe, dass Menschen ein Gespür dafür haben, dass in der Kirche seit langen Zeiten eine Quelle sprudelt, die den ansonsten nicht veröffentlichten Durst löscht. Dass es dort eine Nahrung gibt, die den verheimlichten Hunger sättigt.

Jeder Messe, jedem Gottesdienst liegt eine Struktur zugrunde: Ich komme und kann ehrlich meine Wunde nennen, meine Blösse zeigen. Ich muss mich nicht besser und nicht schlechter machen.
Und ich sage oder singe «Kyrie, eleison», «Herr, erbarme dich.»
Oder «Dona nobis pacem», «Gib uns Frieden.»
Das ist der menschliche Grundakkord des Gottesdienstes:
«Confiteor» – Ich gestehe, ich offenbare mich – und «Ego te absolvo» – Ich spreche dich frei.
Im Zuge des Nachdenkens über die Gestaltung des Abendmahls wurde gelegentlich auf den Beichtteil im Gottesdienst verzichtet. Mit dem Beichtteil entfiel auch die expressis verbis zugesprochene Vergebung. Gottesdienstbesucher sprachen mich mehrmals darauf an: Der «Gnadenzuspruch» (ein tröstlicher Vers aus der Bibel) ersetze nicht den Zuspruch der Sündenvergebung.

Ich lese

Deine Sünden sind dir vergeben! – Ego te absolvo! Martin Luther sagt: «Das Evangelium ist nichts anderes als Absolution.» Und: «Die Absolution ist nichts anderes als die Predigt des Evangeliums.» Das ist der Kern der Heilungsgeschichten in den Evangelien: Deine Sünden sind dir vergeben. (Mk 2,5 par u. ö.)
Vergebung macht verkrampfte Muskeln beweglich, lässt Verkrümmte aufrecht gehen, Lahme springen, Todkranke neu leben. Vergebung heilt zerbrochene Träume und Beziehungen und löscht lastende Schuld.
Ich kann die Geschichte Gottes mit seinem Volk, ich kann ebenso den Weg Jesu als Vergebungsgeschichte lesen. Die «Unerschöpflichkeit der Vergebung» ist die Quelle jedes Gottesdienstes, jedes Seelsorgegespräches, jeder Ermutigung in der christlichen Gemeinde.
Ähnlich nachdrücklich wie Eugen Drewermanns Feststellung, das einzig wesentliche Thema der Religion sei die Überwindung der

menschlichen Angst, ist mir die Feststellung Rudolf Bohrens haften geblieben, die Mitte der Predigt sei die Absolution. Er schreibt: «‹Deine Sünden sind dir vergeben!› – ‹Ego te absolvo!› Mit diesem Satz setzt der Prediger sein Leben aufs Spiel, sein und seiner Hörer Heil. Hier erreicht die Predigt ihren Höhepunkt und damit auch den höchsten Grad ihrer Gefährdung.»[6]

Das ist eine Wucht, von der ich mich nicht entbinden möchte. Bohren – er hat mich einst für ein theol. Examen höchst eigenartig geprüft («Was machen Sie, wenn ein Mann zu Ihnen ins Pfarramt kommt, Ihnen eine Pistole auf die Brust setzt ...» Den Rest weiss ich nicht mehr. Allerdings ist mir Ähnliches in Mannheim zweimal passiert.) – schreibt, ich würde mein Leben aufs Spiel setzen.

Nein, kein Spiel. Aber echt eine Wucht. Aber wenn es – echt – um Vergebung geht, dann geht es um Leben.

Ich frage

Kann ich mir selbst vergeben?
Habe ich wirklich die Autorität, einem anderen zu vergeben?
Wer gibt mir diese Autorität?
Wer löst mein Versprechen ein?
Sind und bleiben meine eigenen möglichen Neuanfänge nicht doch von der Erinnerung bedroht?
Das ist wohl wahr: Vergebung ohne Vergessen ist keine wirkliche Vergebung. Doch: Wo kann ich vergessen lernen?
Ist das Vergessen nicht ebenso ein Segen wie die Vergebung?
Kann man gemeinsam Vergessen üben?
Glaube ich selbst an die «Unerschöpflichkeit der Vergebung der Sünden» (Eduard Thurneysen)?
Die gegenseitige Vergebung ist Zeichen der christlichen Gemeinde: «Auch wenn jemand bei einem Fehltritt ertappt wird, so sollt ihr, die ihr vom Geist bestimmt seid, den Betreffenden im Geist der

Sanftmut zurechtbringen – doch gib acht, dass nicht auch du in Versuchung gerätst! Tragt einer des andern Last, so werdet ihr das Gesetz Christi erfüllen.» (Gal 6,1f.)

Ich entdecke

Ich treffe in der Gemeinde immer wieder auf die Sehnsucht nach Vergebung, auf einfallsreiche Vergebungshandlungen wie auf traditionsreiche Vergebungsriten:
Kinder tragen ein weisses Taufkleid.
Die junge Frau möchte «in Weiss» heiraten.
Bei jedem Fest wird der Tisch «neu gedeckt», festlich, oft auf weisser Tischdecke.
Mann (Alkoholiker) und Frau feiern im Pfarramt nach einem ausführlichen Gespräch «Abendmahl» mit Brot und Orangensaft (mehr haben wir nicht im Haus).
Ein Handschlag verpflichtet zum Neuanfang.
Eine Frau geht bewusst zum Abendmahl und stellt sich so auf, dass sie wortlos beim Sendungswort einer anderen Frau, mit der sie kein Wort spricht, die Hand reicht. Pfarrerin oder Pfarrer sprechen das «erlösende» Wort.
Im Briefkasten des Pfarramts liegen in weissem Umschlag anonym und nicht zweckgebunden fünf Hundert-Euro-Scheine.

Ich bete

Um deinen Heiligen Geist
bitte ich dich, Gott.
Mach mich weit und offen
für das Wunder der Vergebung.
Was ich anderen zuspreche in deinem Namen –

ich möchte es selbst gesagt bekommen.
Meine Fehler kenne ich.
Meine Schuld ist mir gegenwärtig.
Lass die Vergebung näher sein.
Du hast mir vergeben.
Hilf mir nun, mir selbst zu verzeihen.

Ich gehe weiter

Die öffentlich zugesprochene Vergebung bleibt leeres Wort, wenn wir nicht leben und leben lassen, «als ob vergeben sei».
Ich weiss, Gott vergibt. Nun will er, dass auch ich vergebe. Ein Entschuldigter kann sich erst aufrichten, wenn «die Luft rein» ist. Solange die Botschaft noch nicht am Bank-Schalter angekommen ist, wirkt die Zusage des Bankdirektors nicht, er habe mein Konto persönlich ausgeglichen, ich sei mit der Bank im Reinen.
Ich will nicht sich immer neu wiederholende Zerknirschung predigen. Ich will üben, aus dem «Ach, wie bin ich so schlecht»-Spiel und aus dem «Bei dieser Vergangenheit»-Drama auszusteigen. Will mir ein Beispiel an Jesus nehmen, dem die «schlechte Gesellschaft» zum Vorwurf gemacht wurde.
Einer trage des anderen Last, das ist das Geheimnis einer Gemeinde, in der der Heilige Geist wirkt. Und mit Last ist nicht der Sack Kartoffeln oder die schwere Tasche gemeint, sondern der Ehebruch, der Kleinglaube, die Lüge und der Betrug.
Wenn ich bei aller Übung und bei bestem Willen nicht «vergeben und vergessen» kann, oder wenn ich selbst immer wieder für die Gemeinde Anlass zum «Vergeben und Vergessen» bin, dann sollte ich als Angehöriger eines geistlichen Berufs Platz machen für andere und gehen. Auch das Gehen kann befreiend sein, für die anderen und für mich. Wo hier eine Last abfällt, öffnen sich dort Türen. Und später wird man nachholen können, wozu man jetzt nicht in der Lage ist.

Leichtigkeit, Entlastung, Befreiung

Ich erlebe

Menschen laufen davon.
Das Leben wird zur Last, die Familie wird zur Last, die eigenen Gaben und die eigenen Grenzen werden zur Last. Die Träume – eine Bürde, die Ehe – ein Joch, Freundschaft – ein Ballast, der Job – ein Muss.
Menschen laufen davon, auf der Suche nach Entlastung.
Bernhard von Clairvaux schreibt vor 900 Jahren an seinen vielbeschäftigten Papst Eugen: «Wie lange noch bist du ein Geist, der auszieht und nie wieder heimkehrt? Bist du dir selbst etwa ein Fremder? Wem wärest du dann nicht fremd, wenn du dir selber fremd bist? Ja, wer mit sich selbst leichtfertig ist, wem kann der gut sein?»
Das Problem ist also nicht neu. Wer sich selbst in der Tiefe nicht aushalten kann, wird auch sonst oberflächlich bleiben. Ob die Droge, in die ich mich flüchte, Alkohol, «Spass» oder Leistung heisst, der Grund ist, dass ich mich selbst nicht ertrage.
Ich spüre wohl, dass ich mich andauernd übernehme. Aber ich will keinen anderen – auch Gott nicht – zu nahe an mich heranlassen, will mir keine Blösse geben.
Neben einem ehrlicheren Umgang mit sich selbst müssen Menschen vor allem lernen, sich lieben zu lassen. Aber, wie kann ich einen lieben, der vor sich selbst mit strahlendem Gesicht davonläuft?
Menschen laufen nicht nur davon, sie suchen Entlastung, Befreiung und Leichtigkeit in der Kirche. Sie tun sich gelegentlich schwer damit, gerade hier Leichtigkeit zu suchen. Aber sie sind penetrant optimistisch, wenn die Glocken läuten.

Ich lese

Es ist tröstlich, dass Gott selbst dann, wenn schon 99 von 100 Schafen, die losgezogen sind auf der Suche nach Leben, Nahrung und Weide, wieder glücklich zurück und am Ziel sind, sich mit dieser Erfolgsquote nicht zufriedengibt. Gott ist erst glücklich – und feiert ein Fest – wenn alle «daheim» sind.

Das eine – «verlorene» – Schaf geht er auf eigene Kosten suchen und trägt es nach Hause: «Und wenn er es findet, nimmt er es voller Freude auf seine Schultern und geht nach Hause, ruft die Freunde und die Nachbarn zusammen und sagt zu ihnen: Freut euch mit mir, denn ich habe mein verlorenes Schaf gefunden.» (Lk 15,5f.)

Diese Leichtigkeit, diese Entlastung wird mir zur Befreiung. Hier muss ich nicht «an mir arbeiten», hier wird Stellvertretung nicht zum Vorwurf, sondern zur Entlastung. Hier wird am Ende keine Rechnung präsentiert. Hier ist bezahlt. Das Fest ist echt und hat keine Folgekosten.

Da kommt einer wie ich zu Jesus und fragt: «Guter Meister, was muss ich tun, um ewiges Leben zu erben?» (Mk 10,17) Ein religiöser Mensch offensichtlich. Die Antwort Jesu ist provozierend aktuell. Er fragt: Was soll ich tun? Und Jesus antwortet: Du sollst lassen. – «Jesus blickte ihn an, gewann ihn lieb und sagte zu ihm: Eines fehlt dir. Geh, verkaufe, was du hast, und gib es den Armen» (Mk 10,21). Also: «Was soll ich tun?» – «Lassen!»

Ins Offene glauben.

Den Widersprüchen trotzen.

Die Weite spüren.

Mein Gott, wie schwer uns das allen fällt, die – auf Erfolg und Zustimmung getrimmt – wie Schauspieler des eigenen Lebens wirken. Als müssten sie sein, was sie spielen.

Die grosse Entdeckung in allen biblischen Schriften: Gott kennt mich – anders!

Ich frage

Wo erlebe ich Leichtigkeit?
Wann erlebe ich Euphorie? (Eu-phorie kommt aus dem Griechischen und heisst «Leichtes Tragen».)
Was beschwert meine Arbeit?
Kann ich darüber reden?
Habe ich anderen schon von «meiner Lösung» erzählt?
Ist es Eitelkeit, wenn ich immer noch «aushalte»?
Wovon möchte ich entlastet sein?
Warum lasse ich Entlastung nicht zu?
Wem bin ich – ausser mir selbst – eine Last?
Wohin fliehe ich?
Wer hält mich aus?
Was meint Jesus mit «mein Kreuz tragen»?
Geht das «leichter»?

Ich entdecke

«Wenn ich meinen Glauben nicht hätte», sagt sie am Krankenbett ihres Mannes, könnte ich das alles nicht ertragen. Die Kraft, die ich bewundere, deutet sie religiös.
Es gibt das Gebet in der Gemeinde, unaufgefordert, still, stetig. Ein unsichtbares Band ist geknüpft, wenn ein Mensch zum anderen sagt: «Ich denke an dich.» Selten, dass gesagt wird: «Ich bete für dich.» Doch die Botschaft wird sehr wohl verstanden: Hier faltet ein Mensch für den anderen die Hände.
Beten entlastet – vor einem schwierigen Gespräch, nach einer konfliktreichen Entscheidung: Gott, übernimm du.
Leben in Gemeinschaft, auf Augenhöhe und ehrlich, entlastet. Das macht u. a. die Attraktivität kleinerer kirchlicher Einheiten (Gemeinschaften, «freie» Gemeinden) aus.

Aber da ist nie – oder selten – eine «Nachfrage»: Geht es dir leichter?
Ich bin zu oft verstrickt in den eigenen «Ist es gelungen?-Modus».
Mein Gebet hat funktioniert. Meine Hilfe ist angekommen. «Mein Glaube hat geholfen.»
Vielleicht ist das einer der übelsten Sätze, die wir Christinnen und Christen sprechen können: «Mein Glaube hat geholfen.»
Anders wird ein Schuh daraus: «Dein Glaube hat dich gerettet. Geh in Frieden!» (Lk 7,50)

Ich bete

Um deinen Heiligen Geist
bitte ich dich, Gott.
Mach mich bereit, zu lassen,
was verkrampft Zeit und Gedanken bindet,
aufzugeben, was mein Mass übersteigt,
abzugeben, was andere besser können.
Rufe mich in die Freiheit deiner Nachfolge.
Komm mir entgegen,
sprich mit mir,
ich traue dem Frieden nicht.

Ich gehe weiter

Ich will Lassen üben und rufe mir ein Fasten aus.
«Zeihen» bedeutet «sagen, anklagen, vorwerfen».
«Verzeihen» bedeutet «auf Anklage, auf Vorwurf verzichten».
«Ich verzeihe» heisst: «Ich verzichte auf mein Recht.»
«Verzichten» und «Verzeihen» sind sprachlich ganz nah miteinander verwandt. Auf Ansprüche an mich selbst will ich verzichten, das setzt voraus, dass ich bereit bin, mir eigene Schwächen zu verzeihen.

«Urlaub» und «Erlaubnis» sind sprachlich eng miteinander verwandt.
Ich erlaube mir, mich von meinem Selbstbild zu entfernen.
Ich trete einen Schritt zur Seite und sehe, neben mir steht noch jemand anders.
Ich richte den Fokus meiner Kamera auf «Nebensächlichkeiten».
Ich bin überrascht, wer von den Vielen mitkommen, dabei sein will.
Ich erlaube mir, mich von dem Bild zu entfernen, das ich selbst gerne von mir hätte. Diesen «Urlaub» will ich bewusst einstreuen in meinen Alltag und ehrlich vermitteln. So wird auch bei mir Sonntag.

Stille und Schweigen

Ich erlebe

Gelegentlich erlebe ich mich zerrissen, viergeteilt, verurteilt zum stetigen Blick auf die Uhr, süchtig nach Bildern, Geräuschen und Klängen.
Dann wieder sehne ich mich nach Ruhe und Stille, nach einer Auszeit für Leib und Seele.
Doch wohin ich gehe, ans Meer, in ein Kloster, auf einen Berg – ich nehme den Lärm mit, die unaufgeräumte Seele hat noch so viele Geschäfte zu erledigen.
Warum ist gerade unter denen, die im Alltag mit einer komplexen (elaborierten) Sprache kommunizieren, in den vergangenen Jahren das Bedürfnis nach Riten mit einem einfachen (restringierten) Code gewachsen?
Warum strömen sie zu Zen-Lehrern und Heilern, suchen das rituelle Schweigen, gestalten Osternächte und Kreuzwege, holen die Welt der Symbole wieder zurück in die Kirche?
Die Belastung, der Kommunikationsdruck ist derart gewachsen, dass wir eine Alternative zum Alltag in entlastenden, einfachen Riten suchen. Dort können wir «mitschwingen», die «Seele baumeln lassen», müssen uns nicht durchsetzen oder rechtfertigen, müssen nicht argumentieren.
Menschen spüren: Riten heilen. Stille heilt. Der gemeinsame meditative Gesang heilt. Und Menschen sind auf der Suche nach «Tiefenheilung» ausserhalb der Schulmedizin.
Vielleicht hat die Predigt – die «religiöse Rede» – auch keinen kommunikativen Wert mehr. Ihr fehlt die Relevanz, ihr fehlt die Möglichkeit zum Dialog. Ihr fehlt der Widerspruch und die Zustimmung.
Die religiöse Rede ist verkommen zum Geschwätz, zur harmlosen Worthülse, bestenfalls zum «Wort-Gefecht». Aber niemand ist betroffen. Das Gesagte bleibt belanglos. Kaum jemand sagt: «Mensch!

Da war was!»
Allerdings gilt generell: Stille wird mehr und mehr zum Thema. Menschen stöhnen über Lärm. Hörschäden und Schlafstörungen nehmen zu.
Menschen spüren, dass Stille heilen würde, treffen aber in der Stille auf ihre unaufgeräumten Innenräume, auf die unerledigten Geschäfte (Elisabeth Kübler-Ross) und halten der Wucht der Stille nicht stand.
Sie erwarten von Angehörigen geistlicher Berufe Erfahrungen im Umgang mit Stille. Sie suchen geleitete Stille.

Ich lese

In einem alten Lied, festgehalten in den Psalmen der Bibel, entdecke ich ein verblüffend einfaches Bild. Dort heisst es:
«HERR, mein Herz will nicht hoch hinaus, und meine Augen blicken nicht hochmütig, ich gehe nicht mit grossen Dingen um, mit Dingen, die mir zu wunderbar sind. Fürwahr, ich habe meine Seele besänftigt und beruhigt; wie ein entwöhntes Kind bei seiner Mutter, wie das entwöhnte Kind ist meine Seele ruhig in mir.» (Ps 131,1f.)
Eine Mutter, die ihr Kind zum Stillen an die Brust legt, sorgt für alles. Der Körper erhält die Nahrung, die er braucht. Die Haut wärmt, der Kontakt ist sanft, zärtlich. Die Seele kommt zur Ruhe. Das Kind wird still. Sein Frieden ist ganz, ungeteilt, unbedroht.
Wer Stille gefunden hat, hat seine Stelle gefunden, seinen Ort, seinen Stall, der ihn wärmt, den Stollen, der ihn birgt. Ein Mensch, der Stille sucht, sucht eine Behausung, die ihn birgt, einen Ort, an den er gehört.
Kann ich mich Gott an die Brust legen? Kann ich Gott bitten, mich zu stillen?
Dieses wesentliche, mütterliche Gottesbild, findet eine weitere biblische Entsprechung, oft übersehen:
Im sechsten und siebten Kapitel des Buchs Hiob antwortet Hiob auf die erste Rede seines Freunds Elifas in einer grossen Klage.

An deren Ende findet sich eine erschütternde Definition des Menschen. Hiob fragt: «Was ist der Mensch, dass du ihn wichtig nimmst und auf ihn achtest?» (Hiob 7,17) Übersetzt man die Stelle wörtlich, heisst sie: Was ist der Mensch, dass du ihn gross werden lässt und dein Herz zu ihm hin ausrichtest? Bernhard von Clairvaux übersetzt: «Was ist der Mensch, dass du ihn gross machst oder gar dein Herz an ihn grenzen lässt?» *(quia ponis erga eum cor tuum)*
Nah am Herzen Gottes kann ich den Puls Gottes spüren wie das Kind beruhigend den Herzschlag der Mutter hört, der ihm aus der vorgeburtlichen Einheit vertraut ist. Solche Stille heilt.

Ich frage

Wo erlebe ich Stille als Befreiung?
Wann macht mir Stille Angst?
Wann fällt mir Stille leicht?
Wann tut Stille gut?
Kann ich schweigen?
Gibt es Orte der Stille in unserer Gemeinde?
Gibt es Zeiten der Stille im Gottesdienst? Welche Erfahrungen mache ich damit? Wie reagieren die Menschen? Wie kann ich diese kurze Zeit der Stille noch bewusster gestalten und schützen?

Ich entdecke

Das «Stille Gebet» im Gottesdienst wird bei längerer Praxis gern genutzt, auch von «Fremden». Stellte sich früher schon nach wenigen Sekunden aus Unsicherheit eine störende Geräuschkulisse ein, so bleiben «Störungen» mehr und mehr aus. Selbst Konfirmandinnen und Konfirmanden lassen sich in die Stille einladen.
Im Kindergarten ist ein Raum der Stille eingerichtet worden. Kinder

können dort einfach träumen, still malen oder Mandalas gestalten. In diesem Raum gelten andere Regeln. Sie werden von den Kindern akzeptiert.

In unserer Gemeinde biete ich eine wöchentliche «Stille für Kinder» an (Atemübungen, einfache Yoga-Übungen, Sitzen, Traumreisen usw.). Das Angebot wird angenommen, allerdings auch von Eltern und Lehrerinnen/Lehrern zur «Ruhigstellung» verhaltensauffälliger Kinder missverstanden.

Freitagabends laden wir in der Kirche für eine knappe Stunde zur «Feier der Stille» ein (ruhige Musik, Taizé-Lieder, Bibellese, Gebete und lange Zeiten der Stille).

Ich bete

Um deinen Heiligen Geist
bitte ich dich, Gott.
Ich suche Stille bei dir,
wie ein Fremder die Heimat,
wie ein Vogel sein Nest.
Ich bin müde vom Lärm,
verbraucht von Geräuschen,
bin mir und dir fremd.
Nah an deinem Herzen
sucht mein unruhiges Herz Ruhe.
Schenke mir heilende Ruhe
und gnädige Stille.

Ich gehe weiter

Was gestern war, ist gewesen. Das ist, wie wenn ich ausatme.
Was morgen sein wird, kommt noch, das ist, wie wenn ich einatme.

Und dazwischen, heute, das ist die kurze Pause, das Ruhen der Atmung, das kurze Innehalten des Herzmuskels, das Schweigen.

Heute und Schweigen und Pause sind eins, meine Gegenwart, mein aktivstes Wahrnehmen. Wenn ich pausenlos durch mein Leben jage, dann würde ich es nach dieser Vorstellung erst recht verpassen. Und stünde am Ende wie der reiche Kornbauer im Gleichnis Jesu mit vollen Scheunen, tollen Bilanzen, aber leeren Händen da.

Es gibt eine ganz simple, aber ausgezeichnete Meditationsübung. Mehrmals am Tag das halbe Tempo. Beim Gehen in der Wohnung, beim Essen, beim Lesen der Zeitung – einfach fünf Minuten das halbe Tempo. Wie in Zeitlupe Bewegungen verlangsamen, um ihrer bewusst zu werden. So kann das Waschen, Schälen und Essen eines Apfels fast zu einer heiligen Handlung werden.

Unbewusst tue ich genau dieses, wenn ich an einen «heiligen Ort komme». Ich gehe langsamer, ich spreche – wenn überhaupt – leiser. Da nimmt mich der Klang, die Weite, das Licht, der Raum bei der Hand und beruhigt meine Aufgeregtheit.

Über viele Jahrhunderte hatten die Kirchen die Kompetenz nicht nur für Frömmigkeit, sie hatten auch die Kompetenz für Stille. In den Kirchen konnte man das Gehör schulen und die heilende Ästhetik eines Raums körperlich spüren.

Ich will mit anderen zusammen unsere Kirche so gestalten, dass über ihrem Portal der Vierzeiler «Einladung zu einer Tasse Jasmintee» von Reiner Kunze stehen könnte:

«Treten Sie ein, legen Sie Ihre
Traurigkeit ab, hier
dürfen Sie schweigen.»[7]

Wenn ich nichts zu sagen habe, dann schweige ich.
Damit ich etwas zu sagen habe, schweige ich.

Zärtlichkeit und Liebe

Ich erlebe

Es ist nicht ohne Grund, dass die Menschen penetrant vom «lieben Gott» reden. Auch wenn wir ihnen diesen «lieben Gott» oft ausreden (und später dann doch wieder einreden wollen), sie spüren etwas, was ihnen fehlt. Da ist ein wesentliches Stück Herz weggebrochen in ihrem Leben. Das gewinnen sie im Sexshop nicht zurück, das wird nicht heil beim «Date», wird auch nicht ganz im Kaufrausch oder in der Selbstbefriedigung.
Zärtlichkeit hat eine wesentlich spirituelle Dimension. Dabei geht es um Diakonie, um Agape. Aber nicht nur. Es geht auch um Sexualität. Es geht um die Feier der Liebe, um den Schatz einer Umarmung. Zärtlichkeit wahrt das Geheimnis, hütet das Ganze, schützt die Liebenden, wahrt den Traum vom Paradies.

Menschen leben jenseits von Eden, haben die kindliche Unschuld verloren. Leben jenseits von Eden in der Angst, der andere würde sie durchschauen, sie erkennen. Und leben gleichzeitig mit der Sehnsucht, der andere möge sie erkennen. Sie möchten besitzen und fürchten, besessen zu werden. Sie möchten durchschauen und möchten nicht durchschaut werden.
Menschen besuchen teure Wellnesswochenenden, Streichelkurse, Seelenmassagen. Sie möchten sich «einmal» verwöhnen lassen.
Menschen suchen den «etwas anderen Umgang» mit ihrer Seele. Sie erwarten bei Angehörigen geistlicher Berufe anderes als das, was sie beim Therapeuten erwarten. Sie erwarten, geliebt zu werden. Sie erwarten Seelsorge auf der Grundlage von Geduld, Erbarmen, Freundlichkeit, Demut.

Ich lese

Jesus lädt ein als Heiler, der sanft und zärtlich Orientierung gibt: «Kommt zu mir, all ihr Geplagten und Beladenen: Ich will euch erquicken. Nehmt mein Joch auf euch und lernt von mir, denn ich bin sanft und demütig; und ihr werdet Ruhe finden für eure Seele. Denn mein Joch drückt nicht, und meine Last ist leicht.» (Mt 11,28–30) (Das griechische Adjektiv für «sanft» heisst *chrestos*. Vielleicht hat Tacitus die Christen doch nicht nur aus Versehen «Chrestianer» genannt?)

Paulus schliesst von der Gottesliebe auf die Menschenliebe. Sie ist das Band, das die ganze christliche Kleiderordnung (Kol 3,12–14) wie ein Gürtel zusammenhält. Sie bleibt letztlich das entscheidende Charisma, die wesentliche Gabe (1Kor 13) und der verlässliche Halt angesichts von Trennungen, Mächten und Tod (Röm 8). Johannes setzt gar Gott und Liebe in eins: «Wer bekennt, dass Jesus der Sohn Gottes ist, in dem bleibt Gott und er bleibt in Gott. Und wir haben die Liebe, die Gott zu uns hat, erkannt und ihr geglaubt. Gott ist Liebe, und wer in der Liebe bleibt, bleibt in Gott und Gott bleibt in ihm.» (1Joh 4,15f.)

Ich frage

Welche Erfahrungen von Zärtlichkeit und Liebe kann ich erzählen und anderen weitergeben aus meinem Leben?
Welche Erfahrungen möchte ich verschweigen?
Wie rede ich von Zärtlichkeit und Liebe?
Eher beteiligt oder distanziert?
Eher ungeschützt oder geschützt?
Wo setze ich Grenzen?
Warum setze ich Grenzen?
Liebe ich mich selbst?

Bin ich geduldig mit mir selbst?
Bin ich in den vergangenen Jahren härter oder sanfter geworden?
Gibt es in unseren Gottesdiensten und im Alltag der Gemeinde Orte und Zeiten, an und in denen Menschen Zärtlichkeit und Liebe austauschen und spüren?

Ich entdecke

In den Gemeinden halten wieder sanfte, freundliche Gesten und Symbole Einzug: Beim Friedensgruss beobachte ich immer weniger «Reserviertheit». Die Gemeinde nutzt diesen Austausch oft wesentlich länger als ich selbst und lässt sich auch nicht davon beirren, dass ich längst wieder am Altar stehe.
Begrüssungen bei Gemeindeveranstaltungen beinhalten oft Umarmungen, und dies längst nicht mehr nur bei Frauen.
Wortlose Umarmungen, gemeinsame Tränen werden öffentlicher gezeigt (und bei Trauer-Dankanzeigen auch verdankt).
Der «Leib» und seine «Gesten» (Nähe, körperliche Berührung, Zärtlichkeit) haben zurückgefunden in den evangelischen Gottesdienst.
Selbst der Talar behindert nicht mehr die neu entdeckte Nähe. Er verliert – nicht nur bei Kindern – seine gelegentlich auch als wohltuend empfundene «Schutzfunktion».

Ich bete

Um deinen Heiligen Geist
bitte ich dich, Gott.
Schütze meine Liebe vor Missverständnissen,
bewahre mich vor Enttäuschungen,
ermutige mich zur Nähe
und gib mir ein Gespür für Schutzbedürfnis und Scham.

Gib meiner Liebe einen langen Atem,
nimm ihr die Eifersucht,
lass mich Verletzungen vermeiden
und Grenzen achten.
Ich möchte Zeuge deiner Liebe sein.
Gib meiner Liebe deinen Segen.

Ich gehe weiter

Die Gesten und Symbole sind wieder entdeckt.
Soll ich darüber sprechen?
Oder zerstört das Reden das «zarte Pflänzchen Zärtlichkeit»?
Ich will nicht darüber «predigen».
Ich will den kleinen Kreis suchen, das schon vertraute Miteinander.
Will sagen, wie dankbar ich einerseits bin, dass das Miteinander in der Gemeinde wieder Seele und Leib umfasst. Ich erzähle von meinem Erstaunen.
Und hoffe, sie nehmen das Angebot an, von ihren Erfahrungen zu sprechen.
Mein Ziel: Der «eine Leib» soll sich spüren (wollen). Der eine Leib soll sich wohl mit dem einen Haupt, aber nicht mit dem «Kopf» begnügen. Leib ist Herz an Herz, Hand in Hand, Mensch bei Mensch – oder er ist «Ideologie». Auch zu dieser Freiheit hat uns Christus befreit.
Schliesslich glauben wir Christen nicht nur an eine theoretische Auferstehung, sondern an eine leibliche. Eine Spiritualität, die den «Leib» einschliesst, hat in der Schöpfung ihren Ausgang und in der Auferstehung ihre Mitte.

Weite und Ewigkeit

Ich erlebe

Menschen, wenn sie sich nicht verirren, wenn sie nicht verkümmern und am Brot allein sterben wollen, bedürfen der Weitsicht. Sie bedürfen zumindest der Ahnung eines «gelobten Lands», der Weite inmitten des bemessenen Lebens, eines Blicks in die Ewigkeit.
Mir ist diese Erfahrung von Weite und Ewigkeit verheissen.
Ich weiss, dass diese Erfahrung begrenzt und Weite vorläufig ist.
Ich glaube, dass die Grenze vorläufig ist und die Weite ewig.
Wie immer – die Menschen erwarten von den Religionen, damit auch vom christlichen Glauben zuallererst und im tiefsten Ernst eine Antwort auf den Tod. Der Tod ist keine Antwort, darf nicht die Antwort sein, sagen die Menschen, denken die Menschen. Sie suchen eine Antwort auf den Tod. Und diese Frage geht alle an. Vom ganz behutsamen Umgehen mit solchen Fragen angesichts von Kindern, über die Erfahrung, dass man eine Stecknadel fallen hören kann, wenn man vor Jugendlichen und mit ihnen über den Tod spricht, bis zum grossen Schweigen und oft genug Verdrängen bei Erwachsenen, – es gibt keine Menschheitsfrage, die nur annähernd so Frage aller Menschen ist, wie die Frage nach einer Antwort auf den Tod.
Menschen suchen mit Recht und gutem Grund in der Kirche die Erfahrung von Weite und Ewigkeit. Sie trauen mir zu, dass ich ihnen auf der Suche helfen kann. Vielleicht meinen sie sogar, ich sei ihnen an Erfahrung voraus. Ich bin auch auf der Suche. Meine Erfahrungen sind begrenzt. Ich brauche selbst Hilfe. Weil ich das weiss, kann ich die anderen besser verstehen und ihnen ehrlich begegnen. Ich habe keine Scheu, über meinen Glauben und über seine Grenzen zu reden. Ich schäme mich meiner Glaubenserfahrungen nicht. Ich schäme mich meiner Zweifel nicht. Die weltweite Kirche ist ein Segen, für alle ihre Glieder, auch für mich.

Ich lese

Mose wird von Gott auf den Berg Nebo gerufen (Dtn 34).
Er darf das gelobte Land sehen, aber nicht betreten.
Petrus, Jakobus und Johannes gehen mit Jesus auf den Berg. Von der dort erfahrenen Epiphanie sind sie so überwältigt, dass sie bleiben möchten (Mk 9,2ff.). Jesus mutet ihnen und sich «Talerfahrungen» zu.
Inmitten der Feinde stellt Gott die Füsse des Beters auf weiten Raum. (Ps 31)
Die Auferstehung/Auferweckung des gekreuzigten Jesus aus Nazaret stürzt seine Jüngerinnen und Jünger in eine tiefe Krise, bleibt umstritten, ist nicht beweisbar, ist Predigt, d. h. Voraussetzung, Grund und Inhalt des «öffentlichen Glaubens».
Der Gott, vor dem tausend Jahre einem meiner Tage gleichen (Ps 90), dessen Gnade reicht, so weit der Himmel ist, und dessen Treue, so weit wie die Wolken gehen (Ps 108 u. ö.) sprengt jede menschliche «Erfahrung».
Meine Antwort auf die Ewigkeit Gottes ist das Ja zu meinen Grenzen.
Meine Antwort auf eigene Grenzen ist die Weite und Ewigkeit Gottes.
Gottes Ewigkeit ist aller Erfahrung voraus. «Ewiges Leben» ist für die einen – verständlicherweise – nicht vorstellbar, für andere – ebenso verständlicherweise – eine grausame Vorstellung.
Ewigkeit ist masslos.
Weite ist Ewigkeit in kleiner Münze.

Ich frage

Wo und wann wird mir weit ums Herz?
Wo und wann und wie erlebe ich einen Funken Ewigkeit?
Wo im Gottesdienst wird diese Weite spürbar und die Dimension der Ewigkeit – vorläufig – erfahrbar?
Wo im Alltag unserer Gemeinde gibt es Orte, die (mich) zur Erfah-

rung von Weite und Ewigkeit einladen, und sei es auch nur auf Zeit? Mit welchen Bildern ersetze ich meine mangelnde «Erfahrung», wenn es um «Auferstehung» geht?

Ich entdecke

Die Erfahrung der anderen verhilft mir zu Einsicht und Weitsicht.
Das gemeinsame Credo sprengt meinen Horizont, ist eine gottesdienstliche Erfahrung ökumenischer Weite.
Ich spreche das Credo bewusst als Glaubenslied der weltweiten Kirche. Auch wenn mir die eine oder andere «Strophe» des alten Credo fremd ist, lasse ich mich tragen vom Glauben der anderen, vom Credo der Kirche, vom Geschenk meiner Taufe.
So wie ich auf das Credo der anderen angewiesen bin, warten sie auf mein Credo. Es gibt nicht das Credo «an sich», es gibt immer wieder neue Erfahrungen, Erzählungen, Lieder, an denen ich Anteil habe und Anteil gebe.
Das Credo ist kein Rahmen, ausserhalb dessen nichts geglaubt werden darf. Das Credo ist die Heimat, die zu Reisen einlädt, für neue Erfahrungen offen ist und sich damit «weiten» kann.

Ich bete

Nimm meine Enge,
weite meinen Blick,
birg meinen Funken Hoffnung,
stärke meinen schwachen Glauben.
Ich möchte erfahren, was ich predige.
Ich möchte einstimmen in das Lied deiner Kirche
von der Weite des Lebens
und der Offenheit des Glaubens.

Sprich zu mir
in verständlichen Worten
von Ewigkeit.

Ich gehe weiter

Ewigkeit ist nicht grenzenlose Zukunft.
Ewigkeit ist heilende Gegenwart ohne «aber».
Ich will lieber ein Gebet lang warten, bevor ich «aber» sage;
will lieber einen Segen lang bleiben, bevor ich gehe.
Weite ist nicht Uferlosigkeit.
Weite ist mein Mass ohne die Angst.
Weite kann Angst machen. Ich will mich an die anderen halten, meinen Glauben anlehnen; ich bin nicht schwindelfrei.
Mein Glaube braucht einen anderen Glauben als Halt.
Strauchelt einer, dann fängt ihn der andere auf. Jeder ist eines anderen Geländer und Brücke.
Da ist ein Mensch, dem Schlimmes geschehen ist. Eine Freundschaft ist zerbrochen. Eine Ehe ist auseinander gegangen. Der Arbeitsplatz ist verloren. Oder er wird krank.
Warum, Gott, fragt er. Warum ich?
Zieht sich zurück. Will nichts mehr sehen und hören. Weint.
Macht die Tür nicht mehr auf. Ist traurig und will nur noch traurig sein.
Warum lässt Gott das zu? Was habe ich falsch gemacht?
Und dann kommt ein Engel, ein Mensch, der Vertrauen verdient, ein Mensch, bei dem er sich anlehnen kann. Er sagt. Bleibt ruhig sitzen, aber iss was, trink was, wein dich aus an meiner Schulter. Ich komme wieder.
Ich möchte «Engel üben».
Ich will «mich anlehnen» üben.

Erfahrung von und Begegnung mit echter Frömmigkeit

Ich erlebe

In der Zeit der Seifenopern, der Bilderflut und der inszenierten Politik traut keiner mehr. Die privaten und die öffentlichen Detektive haben Hochkonjunktur: Ist der echt? Ist die echt? Magst du mich echt? Meinst du es echt gut mit mir? Bist du echt fromm? Glaubst du echt an Gott? Gehst du echt in die Kirche? Ist der echt tot? Ist sie echt geheilt? Habe ich echt gewonnen?
Menschen erwarten von uns, dass wir echt sind. Dass wir ihnen kein X für ein U vormachen. Es ist mittlerweile eine spirituelle Erfahrung, wenn ein Mensch «echt» ist.
Die meisten sagen «authentisch». Ich bleibe bei «echt». Der einfache Grund: «Echt» und «Ehe» sind ganz eng sprachverwandt. «Echt» ist das Adjektiv zu «Ehe» in seiner alten Bedeutung von Gesetz, von ewig geltendem Recht.
«Echter» Glaube beansprucht keine Ewigkeit, kennt menschliche Grenzen und Umwege. «Echter» Glaube ist dennoch aus auf Ewigkeit, Ehrlichkeit, Verlässlichkeit, Nachhaltigkeit. Ist für den, der glaubt, nicht austauschbar.
Eben das suchen Menschen, nicht nur den Menschen, der jetzt ganz bei sich selbst ist, sondern der verlässlich, zuverlässig, langfristig glaubwürdig – eben «echt» ist.
Sie erwarten von uns Angehörigen geistlicher Berufe, dass wir aus wirklicher Erfahrung reden. Nichts ist peinlicher als unauthentische Rede, die mit Authentizität kokettiert. Mangelnde persönliche Erfahrung ist angesichts des Erfahrungsschatzes der Kirche kein wirkliches Defizit.

Ich lese

Menschen haben Namen, eine Geschichte. Das macht sie einmalig, unaustauschbar. Sie haben ein Profil.

Petrus hat eine eigene Geschichte, Judas nicht anders, Elia, Jeremia, Nikodemus, Maria Magdalena, Maria, die Mutter Jesu. Sofort entstehen vor unseren Augen Biografien, Frömmigkeitsmuster, die sich unterscheiden, die ganz eigen, ganz authentisch sind. Ursprünglich, echt, nicht nachgemacht, nicht aufgesetzt.

Dabei sind sich die Menschen der Bibel ihrer Sache nicht immer sicher: «Bin ich's?» fragt Petrus beim letzten Mahl. «Wir wissen den Weg nicht», stellen die Jünger fest, als Jesus im Johannesevangelium Abschied nimmt. Das erinnert an Dietrich Bonhoeffers bewegenden Text «Wer bin ich?»

Echte Frömmigkeit spielt nicht mit verschiedenen Optionen: «Herr, wohin sollen wir gehen? Du hast Worte des ewigen Lebens» (Joh 6,68).

Echte Frömmigkeit verschweigt die Krisen nicht: «Ich glaube; hilf meinem Unglauben!» (Mk 9,24)

Entlastend ist das kleine Bekenntnis in 1Kor 15. Es verweist wieder an die Gemeinde. Das Zeugnis des Einzelnen ist eingebettet in das Zeugnis der Kirche. Für die Authentizität des Glaubens steht die *una sancta catholica et apostolica ecclesia*: «Denn ich habe euch vor allen Dingen weitergegeben, was auch ich empfangen habe: dass Christus gestorben ist für unsere Sünden gemäss den Schriften, dass er begraben wurde, dass er am dritten Tage auferweckt worden ist gemäss den Schriften und dass er Kefas erschien und dann den Zwölfen. Danach erschien er mehr als fünfhundert Brüdern auf einmal, von denen die meisten noch leben, einige aber entschlafen sind. Danach erschien er dem Jakobus, dann allen Aposteln. Zuallerletzt aber ist er auch mir erschienen, mir, der Missgeburt.» (1Kor 15,3–8)

Ich frage

Wie ehrlich bin ich zu mir selbst?
Wie ehrlich bin ich zu meinem Mann, zu meiner Frau, zu meinen Kindern?
Wie geht es mir, wenn ich an der Ehrlichkeit wichtiger Menschen zweifle?
Was mache ich, damit ein anderer spürt, dass ich es ehrlich meine?
Was ist «echt» an unserem Gottesdienst?
Wer bürgt für Echtheit?
Wo und wann erfahren die Menschen im Gottesdienst, dass das Evangelium «echt» ist? Dass die Story, die da erzählt wird, gilt?
Wer garantiert die «Echtheit», bürgt für die «Authentizität» meiner Verkündigung?
Bin ich mir meiner sicher?
Was kann ich selbst bezeugen?
Bei welchen Fragen muss ich auf andere verweisen, um authentisch zu bleiben?
Wo brechen das, was ich «öffentlich glaube» und mein Verhalten auseinander?

Ich entdecke

Im Ältestenkreis unserer Gemeinde ist es üblich, dass das geistliche Wort zu Beginn der Sitzung von den «Laien», nicht vom Pfarrer gehalten wird. Eine Fülle unterschiedlichster Formen und Äusserungen kommt auf diese Weise zusammen. Längst ist eine vertraute Atmosphäre entstanden, in der ungeschützt geredet, geklagt, gelacht, geweint, gezweifelt und gebetet werden kann. Überraschenderweise werden keine theologischen Richtigkeiten aus irgendwelchen Büchern vorgelesen, sondern eigene Erfahrungen, eigene Deutungen erzählt.

Was sonst nur im geschützten kleinen Raum möglich ist, erwartet die Gemeinde von Angehörigen geistlicher Berufe öffentlich. Eben dafür bietet sie und garantiert den geschützten Raum des Gottesdienstes, des Unterrichtes, des «Amtes».

Ich bete

Um deinen Heiligen Geist
bitte ich dich, Gott.
Ich danke dir, dass ich nicht allein bin
mit meinem Glauben
und mit meinem Zweifel.
Ich danke dir,
dass mich deine Kirche schützt
und staune über ihr Vertrauen.
Hilf mir,
einladend und überzeugend
zu glauben und zu handeln.
Du kennst meine Stärken und Schwächen.
Ich habe nichts zu verbergen.
Ich bin in dir geborgen.
Du bist in mir, ich kann reden
und muss mich dabei nicht verstecken.
Ich darf bei mir sein.

Ich gehe weiter

Ich muss nicht andere kopieren.
Ich möchte bei jedem Satz beherzigen, dass ich Evangelium zu sagen habe.
Wenn ich den Glanz in mir nicht mehr spüre, kann ich doch noch

ehrlich und hilfreich über den Verlust des Glanzes sprechen. Ehrlichkeit ist eine der wichtigsten Tugenden.
Ich will den Menschen nahe sein. Dazu muss ich «bei mir sein». Die anderen haben es nicht mit einem Spiegel, sondern mit einem Menschen zu tun, auf ähnlichen Umwegen unterwegs, nur im Augenblick «freigestellt», anderen Gutes zu tun.
Will ich anderen Gutes tun, muss ich sie lieben. Um sie zu lieben, muss ich mich selbst lieben. Um bei ihnen zu sein, muss ich sie kennen. Da ich sie persönlich nicht alle kennen kann, muss ich mich selbst kennen.
Ein ehrlicher Umgang mit mir selbst ist die beste Brücke zum Anderen. Ich bin bei der Sache, bei den Menschen, bei mir – und wir alle sind eins in Gott.

Weisheit und gelingendes Leben

Ich erlebe

Besonnenheit, Sinn, sinnen, das hat etymologisch seinen Ursprung in dem Wort sinan, das heisst Weg. Eigenartig: Besinnen und bewegen sind verwandte Wörter.
Mit der zunehmenden Individualisierung gehen Regeln verloren. Wenn «jeder nach seiner Façon selig werden» soll, wird keiner selig. Menschen suchen Orientierung ohne Vereinnahmung, gangbare Wege ohne Bevormundung, Menschen suchen weise Regeln. Weisheiten sind gefragt. Meist richtet sich der Blick auf das Fremde: Weisheiten aus anderen Kulturen, Religionen und Zeiten.
Menschen suchen körperliche, ganzheitliche Erfahrungen, sichtbare Veränderungen und Heilungserfolge. Sie suchen Weisheit, die sie bestaunen, vielleicht erlernen, vielleicht selbst weitergeben können.
Die Unerträglichkeit des Kreuzes scheidet die Geister. Die Unbeweisbarkeit der Auferstehung macht den Glauben zum Risiko. Weisheit tröstet, schafft innere Ordnung und äussere Gelassenheit.
Warum sollten die Menschen unsere Weisheit nicht abrufen, um einen Weg zu gelingendem Leben zu finden? Ich habe in China evangelische Gottesdienste erlebt, fünf in der gleichen Kirche am Sonntag, voll von jungen Leuten. Sie alle suchen nach einem Weg zum Glück, nach einem Weg zu gelingendem Leben. Sie suchen Harmonie, Gesundheit, Frieden, Erfolg im Beruf, gesunde Kinder, Glück in der Ehe. Suchen das unsere Mitmenschen in Deutschland nicht ebenso? Kommen sie nicht mit dem gleichen Vertrauen, der gleichen Hoffnung zu uns? Auch wenn wir sagen, wir seien keine Gurus, keine Lehrer, keine Meister. Aber wir sind Zeugen des Meisters. Und wir sind Eingeweihte. Nicht nur getauft sind wir, Pfarrerinnen und Pfarrer sind ordiniert. Angehörige geistlicher Berufe sind zumindest «berufen». Wir alle sind getauft und gesegnet.
Warum hat Weisheit einen so schlechten Ruf unter Pfarrerinnen

und Pfarrern? Warum verweigern wir unser Wissen? Unsere Weisheit? Oder haben wir keine?

Ich lese

Thomas spricht es stellvertretend für die Jünger aus: «Herr, wir wissen nicht, wo du hingehst; wie können wir da den Weg kennen?» (Joh 14,5) Jesus antwortet: «Ich bin der Weg».
Auf der Suche nach gelingendem Leben, nach Schalom und Heil, sind die Menschen der Bibel unterwegs.
Abraham, Sara, Jakob, Mose, Josua, Ruth – die Lebenswege biblischer Personen sind Migrantenwege. Weisheit und Erkenntnis kommen unterwegs. Geh schon, sagt Gott, du musst am Anfang des Wegs nicht alles wissen wollen, du musst nicht einmal das Ziel kennen. Als Vorbild für alle Glaubenden erzählt die Bibel von Abraham: «Und der HERR sprach zu Abram: Geh aus deinem Land und aus deiner Verwandtschaft und aus dem Haus deines Vaters in das Land, das ich dir zeigen werde.» (Gen 12,1) Und er Hebräerbrief stellt fest: «Durch Glauben gehorchte Abraham, als er berufen wurde, und brach auf an einen Ort, den er als Erbe empfangen sollte; er brach auf, ohne zu wissen, wohin er kommen würde.» (Hebr 11,8)
Glaube und Nachfolge, Weisheit und Nachfolge sind also eng miteinander verbunden.
Von Jesus heisst es im Johannesevangelium: «Und das Wort, der Logos, wurde Fleisch und wohnte unter uns, und wir schauten seine Herrlichkeit, eine Herrlichkeit, wie sie ein Einziggeborener vom Vater hat, voller Gnade und Wahrheit.» (Joh 1,14) Und am Ende der Zeit, so lesen wir im Buch der Offenbarung, baut Gott eine Hütte, sein Zelt unter den Menschen und wird so bei ihnen wohnen. (Offb 21)
Die Regeln «für unterwegs» sind gelegentlich radikal. Von Jesus wird erzählt, er habe nicht einmal wie Füchse und Vögel etwas gehabt, wo er sein Haupt hinlegen konnte. Und seine Jünger sendet er aus zum

Predigtdienst, ohne Geld, ohne Tasche, ohne Schuhe und Stecken, in der Erwartung, dass jene sie versorgen werden, denen sie predigen. Paulus setzt der «Weisheit der Welt» die «Torheit des Glaubens» gegenüber. (1Kor 1,18ff.) Daraus lässt sich aber weder eine grundsätzliche Ablehnung des menschlichen Strebens nach Weisheit ablesen, noch kann daraus ein grundsätzlicher Gegensatz zwischen «Weisheitsreligion» und «Offenbarungsreligion» oder «Erlösungsreligion» abgeleitet werden. Weisheit ist alttestamentlich das, was den mündigen vom unmündigen Menschen unterscheidet, den verantwortlichen vom unverantwortlichen. Bei aller Einschränkung menschlicher Weisheit und Erkenntnis muss der Mensch vor Gott und Mitmensch Verantwortung übernehmen und er kann das auch: «Er hat dir kundgetan, Mensch, was gut ist, und was der HERR von dir fordert: Nichts anderes, als Recht zu üben und Güte zu lieben und in Einsicht mit deinem Gott zu gehen.» (Mi 6,8)

Der Epheserbrief ermahnt in diesem Duktus: «Achtet nun sorgfältig darauf, wie ihr euer Leben führt: nicht als Toren, sondern als Weise! Kauft die Zeit aus, denn die Tage sind böse. Seid also nicht unverständig, sondern begreift, was der Wille des Herrn ist.» (Eph 5,15–17) Die weisheitliche Ausrichtung des Menschen ist daran orientiert, zu erkennen, was Gottes Wille und damit gut ist. Beide Testamente sind sich darin einig, dass der Mensch nach Weisheit und Erkenntnis streben soll.

Ich frage

Welche geistliche Er-Fahrung oder Be-Wegung steckt hinter meiner Moral? Entsprechen meine Regeln meinem Handeln?
Ringe ich mir Regeln ab oder ist mir wirklich Weisheit geschenkt?
Ist meine Weisheit biegsam oder hart? Jesu Joch war sanft. Ist ein «anschmiegsamer Gott» für mich eine Blasphemie oder Evangelium?
Wo im Gottesdienst ist Weisheit zu spüren?

Wo wird ein Weg geöffnet? Nicht nur besprochen, sondern wirklich geöffnet?
Gegen welche Weisheiten wehre ich mich?
Nach welchen Kriterien unterscheide ich Weisheit und Torheit?

Ich entdecke

Erstaunt beobachten wir seit einigen Jahren eine Bewegung in der Kirche, die Jahrhunderte fast verschwunden, jedenfalls nicht im Bewusstsein der vielen verankert war: Menschen gehen Pilgerwege. Der Jakobsweg besitzt dabei eine besondere Faszination.
Die Büchertische in den Kirchen quellen über von weisheitlicher Literatur. Gemeindeglieder haben längst keine Berührungsängste mehr mit fernöstlichen Religionen und ihrer Weisheit, mit Segenssprüchen der Kelten oder indigener Völker Nordamerikas. Das ist keine «Mode». Ich will das als berechtigte Sehnsucht der Menschen nach Orientierung, nach Lebenserfahrung und Lebensweisheit verstehen, inmitten einer wenig heimatlichen und wertebewussten Welt.
Dass Angehörige geistlicher Berufe neu «gefragt» sind, ehrt uns. Wir sollten unsere Antworten nicht schuldig bleiben.

Ich bete

Um deinen Heiligen Geist
bitte ich dich, Gott.
Schenke auch mir ein weises Herz,
Verständnis für die Fragen der Suchenden
und Erkenntnis deiner Weisung.
Ich will mich auf meinen Weg machen.
Nimm mir die Angst.
Gib mir Geleit und Segen.

Ich gehe weiter

Spirituelle Meister beschreiben den Erkenntnisprozess als Weg.
Ich möchte mich auf den Weg machen, möchte pilgern in der Gemeinde und mit den Menschen. Ich will nicht bestimmen, wohin ihre Reise geht.
Ich möchte mich mit Handgepäck auf diese Welt-Reise machen;
über mich selbst fröhlich lachen können;
mich freuen am Zusammenbrechen der Vorurteile;
jedermanns Schüler sein, ohne an Versetzung zu denken;
das andere tun, das Entferntere, nicht das Naheliegende.
Ich will dazu beitragen, dass Menschen weise werden.
Ich will Lebensweisheit und Rechtfertigung nicht gegeneinander ausspielen.

Klang und die Erfahrung des Hörens

Ich erlebe

Das Gehör ist ein um ein Vielfaches sensibleres Organ als das Auge. Das Auge geht nach aussen, das Gehör geht nach innen. In einer Zeit, die bestimmt ist durch das Auge, lernen Menschen neu zu hören.
Manche lernen Obertongesang. Hören sich selbst plötzlich mehrstimmig singen. Der gregorianische Gesang fusst auf dieser erlebten Erfahrung. Was die Sufis im Islam erleben, die Derwische, die Mönche in den Klöstern Tibets – es ist Klang von einer unbeschreiblichen Schönheit. Und das Überraschende: Es kommt aus mir, es klingt in mir. Ich bin Klang.
Warum erklären wir eine Hildegard von Bingen oder eine Mechthild von Magdeburg zu Exoten? Sie haben etwas gehört. Sie hatten Kompetenz für Klang und Erfahrungen mit dem Hören.
Und alle Architekten der Kirchen verstanden davon etwas. Hatten nicht nur ein Gespür für Schönheit und Raum und Form. Sie hatten auch ein Gespür für Klang.
Die Kirchenmusik erreicht Menschen, die sich längst von der Kirche abgewandt haben. Hören wird zur religiösen Erfahrung.
Menschen sehen die Gefahr, das Gehör (und das Gleichgewicht) zu verlieren. Sie erinnern sich an die geistliche Kompetenz des Hörens. Meister der Spiritualität haben Unerhörtes gehört. Haben in der Stille, im Warten und Horchen Stimmen gehört, Weisungen erhalten. Wenn sie Meister sind, haben sie zu unterscheiden gelernt und wissen, welche Klänge, Worte und Stimmen heilen, und welche Klänge, Worte und Stimmen verführen.

Ich lese

Grossartig, der Klang auf den Hirtenfeldern vor Bethlehem (Lk 2).
Erschütternd der Klang, dem Jesaja ausgesetzt ist bei seiner Berufung (Jes 6).
Dem alten Salomo stellt Gott einen Wunsch frei. Salomo bittet um ein hörendes Herz (2Kön 3,9).
«Höre Israel» – so beginn das jüdische Credo. (Dtn 6,4)
Jesus mahnt immer wieder: «Wer Ohren hat zu hören, der höre!» (Mk 4,9 u. ö.)
Jochen Klepper dichtet: «Er spricht wie an dem Tage, da er die Welt erschuf. Da schweigen Angst und Klage, nichts gilt mehr als sein Ruf. Das Wort der ewgen Treue, die Gott uns Menschen schwört, erfahre ich aufs Neue, so wie ein Jünger hört.» (RG 574,2) Wie hört ein Jünger? Indem er sich rufen lässt und nachfolgt.

Ich frage

Wie schule ich mein Gehör?
Wann habe ich beim Hören geweint?
Wann hat mich eine Hör-Erfahrung erschüttert, erweicht oder getröstet?
Welche Erlebnisse mit Klängen und welche Erfahrungen mit Hören – also weit über den Umgang mit den Ohren hinaus – machen Menschen im Gottesdienst?
Und wie – und wo – und wann kommt Gott zu Gehör? Gibt es so etwas wie «die Stimme Gottes», wie es bei der Orgel und beim Synthesizer eine «vox humana» gibt? Gibt es eine «vox divina» (eine göttliche Stimme), die Menschen in unserem Gottesdienst hören können?

Ich entdecke

So wie es das Er-Tasten, das Er-Fassen, das Er-Greifen, das Er-Spüren und Er-Kennen gibt, so gibt es auch ein Er-Hören. Erhören ist mehr als Hören. Erhören weitet die Sinne, streckt den ganzen Menschen aus. Menschen werden «ganz Ohr». Dieses Erhören ist die tiefste Gestalt des Schweigens, die eigentliche Gestalt des Gebets. Ich bin nur noch geduldig empfangend. Nichts lenkt mehr meine Sinne ab. Menschen spüren: Kirchen sind ideale Orte für diese hörende Versenkung. Sie senken beim Betreten der Kirche die Stimme. Signalisieren damit Bereitschaft für etwas Besonderes. Auf dem Markt stellen sie die Ohren auf Durchzug. In der Kirche weiten sich die Sinne.
Es gibt eine enge Verbindung solchen Er-Hörens mit der Erhörung des Gebets. Der er-hörende, empfangende Mensch wird von Gott erhört, hört sein Wort, wird selbst Träger des Worts, «Täter des Worts», Ant-Wort.

Ich bete

Um deinen Heiligen Geist
bitte ich dich, Gott.
Stille mich.
Nimm mir alles Aufgeregte.
Ich will schweigen üben.
Öffne meine Ohren,
die Türen und Fenster meiner Seele,
dass ich deinen Ruf höre,
wie ein Zugvogel den Zeitpunkt spürt
und den Weg kennt.
Sprich
dein leises Wort,

den Segen,
der mir gilt.
Stimme mich neu.

Ich gehe weiter

Das chinesische Schriftzeichen für «Weisheit» ist ein grosses Ohr und ein kleiner Mund. Das will ich beherzigen. Ich will mein Gehör schulen.
Ich will andere Hörende suchen.
Hörgemeinschaft entsteht in der Stille.
Bei Johannes Tauler und anderen Mystikern findet sich ein überzeugender Gedanke: Ich selbst muss leer werden, wenn Christus in mir lebendig werden soll. Wenn ich in mir Platz beanspruche für meine Worte, dann hat er keinen Platz. Wenn ich reden will, sagt Tauler, dann muss Christus eben schweigen.
Ich will an meinem Ort eine Hörgemeinschaft suchen, die Stille praktiziert und offen ist für die gewagte Erfahrung des Hörens. Dieser Weg ist einerseits ein Weg zu mir selbst. Aber dann bleibe ich nicht bei mir selbst. Ich werde nun gerade frei für andere. Ich kann Gutes tun. Ich bin freier als ein Vogel und besser versorgt als eine Lilie auf dem Feld.

Raum und Herberge

Ich erlebe

Kirche ist Herberge. Wir sind Herbergseltern. Wir beherbergen auf Zeit. Das macht sehr frei. Das nimmt der Kirche den Ärger und die Frustration.
Wir sind «Kirche bei Gelegenheit». Wir sind auf Zeit «Herberge» für Pilger, die weiterreisen. Das nimmt dem Thema «Raum» die alleinige ästhetische, architektonische Wertigkeit.
Wir hatten als Kirche über Jahrhunderte die Kompetenz für die Erfahrung von Raum. Wir haben Räume geschaffen, in denen Menschen staunten, dem Mysterium begegneten, religiöse Erfahrungen machten, Gemeinschaft erlebten.
Unsere Räume sind nüchterner geworden. Schade.
Menschen brauchen Räume, in denen sie dem Geheimnis näher sind als auf dem Markt. Menschen brauchen Erfahrungen, die über Texte und ihr Verständnis hinausreichen. Das Wort ist nicht alles. Das Wort ward Fleisch und wohnte unter uns in einer Herberge, noch mehr: in einem Stall hinter der Herberge.

Ich lese

Für den Sohn Gottes, für das Heil der Welt, war kein Raum. «Er kam in das Seine, und die Seinen nahmen ihn nicht auf.» (Joh 1,11) Maria und Josef fanden «sonst keinen Raum in der Herberge». (Lk 2,7)
Die Menschen bemessen Gottes Raum gering. Sie drängen ihn weg, stossen ihn aus. «Draussen vor dem Tor» (Hebr 13,12) heiligt Jesus das Volk durch sein Blut.
Ganz anders Gott im Umgang mit den Menschen. «Du hast meine Füsse auf weiten Raum gestellt», staunt der Beter (Ps 31,9). Der wei-

te Raum ist ein Raum sicherer Freiheit: «Weiten Raum schaffst du meinem Schritt» (Ps 18,37). Mehr noch, Gott schliesst alle Bedrängnis aus: «Du aber wurdest verführt, weil die Not fern war, weit war dein Raum und ohne Bedrängnis und voll von fetten Speisen dein behaglicher Tisch.» (Hiob 36,16).

So zieht sich die Spannung zwischen «Ort» und «Weite», zwischen «Raum» und «Wüste», zwischen «Hier» und «Dort» durch beide Testamente. Juden und Christen sind unterwegs, sind wanderndes Gottesvolk, bleiben angewiesen auf die «persönliche» Nähe ihres Gottes. Ihre heilenden Räume sind vorläufig, eher Zelt als Tempel, eher Herberge als Burg.

Ich frage

Wie gehen wir mit unseren Räumen um?
Was stimmt in unserer Kirche nicht?
Was lädt ein, was lädt aus?
Wo bin ich zu Hause?
Auf Stühlen oder Bänken?
Auf Sesseln oder Hockern?
Will ich haben oder kann ich loslassen? Will ich verorten oder beherbergen? Gilt in unserer Gemeinde das Vereinsrecht oder die Herbergskultur?
Gibt es Orte, die heiliger sind als andere Orte?
Gibt es Räume, in denen Menschen Gott näher sind als auf dem Markt?
Ist der Ort, an dem unsere Kirche steht, ein «besonderer» Ort?
Was ist für mich ein «heiliger Ort»?

Ich entdecke

Deutlicher als noch vor Jahren legen Gemeinden Wert darauf, dass ihr Raum einladend und offen ist. Viele evangelische Kirchen stehen auch werktags offen, im Zweifel zerstreuen «Hütedienste» die Sorgen.
In diesem Raum kommt alles auf den Tisch, was Seele und Leib belastet (Schuld, Klage, Trauer) ebenso wie das, was Seele und Leib erfrischt (Evangelium, Brot und Wein).
Wo noch vor wenigen Jahrzehnten Zweckdienlichkeit den Umgang mit kirchlichen Räumen bestimmt hat, entdecken Gemeinden neu den Ort, an dem – im übertragenen und wörtlichen Sinn – die Schuhe auszuziehen sind, weil der Ort heilig ist.

Ich bete

Um deinen Heiligen Geist
bitte ich dich, Gott.
Hierher hast du mich berufen,
ich habe ein Amt und einen Ort.
Die Mauern dieser Kirche bergen dein Wort,
die Orgel singt dir Lieder,
die Fenster malen erstaunliche Bilder,
der Boden erzählt von Wegen und Umwegen,
der Altar bewahrt dein Geheimnis,
der Chor verbreitet deine Wunder.
Nun stehe ich hier.
Viele waren vor mir.
Andere werden nach mir kommen.
Wir kommen und gehen.
Die Mauern dieser Kirche singen dir Lieder,
der Boden erzählt von Wegen und Umwegen.

Du bleibst von Ewigkeit zu Ewigkeit.
Schenke auch mir einen Raum,
an dem meine verwundete Seele heilt
und meine Klage endet.
Ich bin nicht anspruchsvoll.
Ich bleibe gerne im Warteraum,
wenn du nur kommst.

Ich gehe weiter

Utopie – so Paul Zulehner – ist «Wahrheit von Weitem gesehen».
Ich suche einen Raum, in dem ich wenigstens – wie Mose vor seinem Tod – Wahrheit von Weitem sehen kann, auch wenn sie noch keinen Ort hat (Utopie, griechisch *ou topos* = kein Ort).
Ich will den Raum, in dem ich mit anderen zusammen die Wahrheit von Weitem sehen will, einladend gestalten.
Menschen sollen den Raum, den Gott schenkt, in seiner ganzen Weite erfahren. Hier kommen sie zu Atem. Hier können sie ihren Durst löschen und ihren Hunger stillen. Hier können sie fragen nach Landkarten und Himmelsrichtungen. Niemand verdreht Schilder. Keine Wegelagerer.
Hier können Menschen offen reden, und wenn es ihnen danach ist, auch klagen und weinen.
Hier wird ihnen ein Reisesegen zugesprochen, wenn sie weitergehen. Ich will sie nicht an mich und an diesen Ort binden. Unsere Kirche ist Herberge auf Zeit. Sie ist nicht die Wahrheit. Aber hier kann man die Wahrheit von Weitem sehen.

Bewältigung von Trauer und Erfahrung von Glück

Ich erlebe

Eines ist so schwierig wie das andere. Trauer muss ich bewältigen, Glück muss ich bewältigen. Bei beidem habe ich interessierte Beraterinnen und Berater, die nicht meine Heilung wollen, sondern ihren Verdienst suchen. Menschen werden mit Recht vorsichtig, bei Elend und bei Glück.
Sie vermuten bei uns einen uneigennützigen Umgang mit beidem. Sie vermuten bei uns einen kundigen Umgang mit Trauer und Glück. Sie gehen davon aus, dass wir zwischen den Zeilen lesen, Anvertrautes für uns behalten und Unausgesprochenes ergänzen können.
Sie setzen voraus, das Angehörige geistlicher Berufe Sterbende begleiten und Trauernde trösten können. Sie erwarten, dass wir die Glücklichen nicht um ihr Glück beneiden, sondern Freude absichtslos und ehrlich teilen.
Sie finden es unerträglich, wenn Angehörige geistlicher Berufe die Trauer mit routinierten, aber harmlosen Floskeln beschwichtigen und das erfahrene Glück nicht schätzen.

Ich lese

Beides, Trauer und Glück, verlangen Passivität, wollen zugelassen werden. «Beistand» ist Beistand, nicht «Beitat» oder gar «Beirat». Beistand ist zuerst nichts anderes, als Trauer oder Freude zu teilen, das Gegebene auszuhalten und bei dem Menschen zu bleiben, den Not oder Glück getroffen hat.
Hiobs Freunde sind ein besonders gutes Beispiel für den Beistand in Zeiten der Trauer: «Die drei Freunde Hiobs aber hörten von all

dem Unglück, das ihm widerfahren war, und sie kamen, jeder von seinem Ort ... Und sie trafen sich, um zu ihm zu gehen, mit ihm zu klagen und ihn zu trösten. Und als sie ihn aus der Ferne erblickten, erkannten sie ihn nicht. Da fingen sie an, laut zu weinen, und jeder zerriss sein Gewand, und sie warfen Staub gegen den Himmel und auf ihre Häupter. Und sie setzten sich zu ihm auf die Erde, sieben Tage und sieben Nächte, und keiner sagte ein Wort zu ihm, denn sie sahen, dass der Schmerz sehr gross war.» (Hiob 2,11–13)

Paulus gibt für Freud und Leid den geistlichen Rat: «Freuen wollen wir uns mit den Fröhlichen und weinen mit den Weinenden.» (Röm 12,15)

Ich frage

Wann war ich glücklich in den letzten zwei Wochen?
Wann war ich traurig in den letzten zwei Wochen?
Welches Glück wollte ich teilen?
Welche Trauer wollte ich teilen?
Wer hat mein Glück geteilt? Oder habe ich es für mich behalten?
Wer hat meine Trauer geteilt? Oder habe ich sie verborgen?
Wo und wann in unseren Gottesdiensten freuen sich Menschen an der Freude anderer?
Wo und wann in unseren Gottesdiensten trauern Menschen echt mit anderen?
Wie kann ich dazu beitragen, dass Freude und Trauer in unseren Gottesdiensten und im Alltag der Gemeinde bleibend und heilend einen Ort erhalten?

Ich entdecke

Es geschieht längst in der Gemeinde. Was wir in der Ausbildung lernen, auf Seminaren trainieren, können sie längst.

Da gibt es die selbstverständliche Nachbarschaftshilfe, über die niemand spricht. Sie sitzen beieinander in der Küche und schweigen. Sie haben kein Problem damit, wenn das Gespräch zwei oder drei Minuten stockt.

Da gibt es echte und absichtslose Mitfreude über die Geburt eines Kindes, über des Heilen einer verwundeten Ehe, über den Ausbildungsvertrag des Nachbarjungen.

Es gibt Menschen, die zünden ganz ausserhalb von Ostern, Advent und Weihnachten Kerzen an und stellen sie ans Fenster. Sie brennen lange, oft über Nacht, manchmal tagelang. Sie erzählen leise vom Glück oder von der Trauer.

Ich bete

Um deinen Heiligen Geist
bitte ich dich, Gott.
Noch bin ich nicht bereit zu echter Liebe,
dass ich mich mit den Fröhlichen freuen kann,
dass ich die Trauer der Weinenden teile
und meine eigene Hilflosigkeit aushalte.
Ich will Hilfe machen
anstatt zu bleiben.
Ich will glücklich machen
anstatt mich zu freuen.
Ich will tun
um nicht bleiben zu müssen.
Du kennst den Weg, der mich heilt.

Ich gehe weiter

Wie kann es gelingen, dass ich leise an die Seite von Menschen trete, die mich in ihre Trauer oder in ihr Glück eingeladen haben?

Trauer und Glück bringt Menschen durcheinander, erreicht sie in der Regel unvorbereitet. Sie greifen zurück auf «bestehende Institutionen», auf ein «Amt», das Kompetenz in Extremzeiten verspricht.

Dennoch will ich auf ihre Bitte hin nicht das Amt verkörpern, sondern mich in ihren Wunsch hineindenken. Will mit ihren Augen sehen, mit ihren Erfahrungen Trauer und Glück verstehen.

Das setzt voraus, dass ich mich meinem eigenen Glück stelle und meiner Trauer Raum gebe. Beides stört den Terminkalender. Das wird so sein müssen, wenn ich beginnen will, bei den Menschen zu bleiben.

Hoffnung, dass Abstossendes ausgehalten wird

Ich erlebe

Wir kennen das Problem der Isolierstationen, der Demenz-Bereiche, der Alzheimer-Etagen. Menschen sehnen sich, mit dem, was sie am liebsten verstecken möchten, doch geliebt zu sein. Mit ihrer Hässlichkeit, ihrer Verwirrung und Abgestumpftheit.
Menschen erwarten diese Nähe und Akzeptanz, diese Liebe gerade von uns Christinnen und Christen. Sie messen uns am Beispiel Jesu und an unserer eigenen Verkündigung. Wenn an der Feststellung Alfred Grossers, die Mitte des Christentums sei die Zärtlichkeit, etwas Wahres ist, dann müssten diese Wahrheit gerade die spüren, die man nicht erträgt. Die schwere Aufgabe der Diakonie bedarf einer spirituellen Grundlage. Das Diakonat ist ein geistliches Amt. Wird es anders verstanden, geht es im Dienstleistungsbereich unter.

Ich lese

Sie bringen alte, kranke, behinderte, entstellte, abgestumpfte und renitente Menschen zu Jesus. Gelegentlich haben sie Fürsprecher, Freunde, Verwandte. Oft sind sie isoliert. Ansteckend sind viele Krankheiten. Auch psychische Krankheiten stecken an, auch Depression steckt an, nicht nur Aussatz und Aids.
Jesus berührt, umarmt, legt Hand auf und Hand an, haucht Leben in die Nase und streicht Speichel in die Ohren.
In der Begegnung mit Jesus verschwindet das Hässliche nicht «einfach», wird nicht auf der Stelle «verzaubert». Die Krankheit, die Abgestumpftheit stösst auf das Erbarmen Gottes, auf Liebe.

Wer die Begriffe «arm» und «elend» im Deutschen untersucht, stösst auf überraschende Entdeckungen. Die Grundbedeutung des Begriffs «arm» ist vereinsamt, verlassen, beraubt, klein, schwach. Der Unterschied zu «reich» kommt erst spät hinzu. «Arm» und «Erbe» haben etwas miteinander zu tun. Griechisch *arbejo* heisst: Ich bin ein verwaistes, und darum zu harter körperlicher Arbeit gezwungenes Kind. Erbe ist das Besitztum eines Verwaisten. Ein «Barmherziger» ist einer, der ein Herz hat für Arme.

Noch augenfälliger ist der Begriff «elend». Er bedeutet ursprünglich: im fremden Land, ausgewiesen, verbannt. Das Ausland ist «Elend». Ein Mensch, verbannt ins Ausland, ist unglücklich.

Nichts anderes meinen die Schriften der Bibel, wenn sie die Armen und Elenden als diejenigen bezeichnen, denen das Evangelium verkündet wird. Es sind die Waisen, die Witwen, die Beraubten, Entrechteten, die Ungeliebten, die Unfreien, die Ausländer. Oder mit anderen Worten, – es sind die «Ohne-Menschen»: ohne Hoffnung, ohne Mittel, ohne Arbeit, ohne Gesundheit, ohne Perspektive, ohne Glauben, ohne Liebe. Den Gott-Losen, den Mittel-Losen, den Hilf-Losen, den Heimat-Losen, den Harm-Losen ist eine Gute Nachricht bestimmt.

Wunder geschehen in der Begegnung mit Gott. Dabei werden nicht einfach die Kausalitätsgesetze aufgehoben, sondern eine neue Wirklichkeit bricht in die elende Welt ein. Die Kranken, Hässlichen, Abgestumpften kommen in Berührung mit der Macht der Liebe.

Sie machen «Grenzerfahrungen»: Die Realität ist nicht alles. Die biblischen «Wunder» proklamieren das Recht der Kranken, Hässlichen und Abgestumpften auf Liebe, Freude, Zuwendung und Zukunft.

Ich frage

Welche meiner Hässlichkeiten will ans Licht und braucht einen Heiler?
Welche Verwirrung braucht Orientierung?
Welche Abgestumpftheit braucht neuen, frischen Geist?

Und wo in unseren Gottesdiensten und im Alltag der Gemeinde erfahren hässliche, verwirrte und abgestumpfte Menschen die nötige Liebe und Nähe?

Ich entdecke

Angehörige von Kranken, Ehepartner von Menschen, die sich radikal verändert haben, kommen an ein Ende ihrer Kraft.
Gleichzeitig berichten viele, die Schwerkranke oder Sterbende begleitet haben, schliesslich von guten und lebenswichtigen Erfahrungen. Die Reduktion auf kleine, einfache Gesten und Berührungen befreit von Äusserlichkeiten, gibt einem sterbenden Menschen Würde und Schönheit, verinnerlicht und erinnert das Wesentliche.
Bei Besuchen in Pflegeheimen und Krankenhäusern ist es wohltuend, «geführt» zu werden von Kundigen.
Die durch die Medien verführten und betrogenen Augen sind wesentlich ungeduldiger und oberflächlicher als die Ohren. Gemeinsames Schweigen an einem Krankenbett ist möglich.

Ich bete

Um deinen Heiligen Geist
bitte ich dich, Gott.
Schenke mir
Augen, die aushalten können, was sie sehen.
Ohren, die den Mund nicht gleich zum Widerspruch öffnen.
Worte, die nicht zurückweisen und verletzen.
Hände, die Bleiben üben ohne Blick auf die Uhr.
Schenke mir
die Fähigkeit zu lieben.
Ich will nichts schönreden,

Ich möchte nur mit Augen der Liebe
sehen können.

Ich gehe weiter

Seelsorge und Diakonie in der Gemeinde beginnen nicht mit mir. Die Gemeinde ist nach dem Verständnis der Reformation Subjekt der Seelsorge und Subjekt der Diakonie.

Ich kann mich an eine lange Seelsorge- und Liebesgeschichte anschliessen, nehme Fäden auf, mit denen andere schon Netze gewoben haben, die Kranke und Verletzte bergen, Unsichere halten und Sterbende trösten.

Ich lasse mich gerne an der Hand nehmen von kundigen Menschen in Pflegeheimen oder von Verwandten. Ich will ehrlich meine Grenzen beschreiben, dann kann ich in diesen Grenzen nach meinem Mass ganz bei den Menschen sein und ihnen dienen.

Glaube an Jesus Christus

Ich erlebe

Ich behaupte, die «Kasualkirche» – was anderes sind wir? – kommt ohne Jesus Christus aus. Auch die Sonntagsgemeinde käme ohne Jesus Christus aus, wären da nicht ein paar liturgische Rudimente, die an ihn erinnern wie die Fotoalben unserer Familien aus den Zwanziger-Jahren des vergangenen Jahrhunderts an alte Familienmitglieder erinnern, deren Namen wir nach hundert Jahren schon nicht mehr kennen.
Taufen fänden statt ohne den trinitarischen Segen – und keiner würde aufschreien.
Ehepaare würden getraut ohne einen Hinweis auf Jesus Christus und die Ehe gelingen oder scheitern, ganz ohne Christus.
Menschen würden im Frieden Gottes sterben können, würden gesegnet loslassen können, würden beerdigt, bestattet oder vergessen ohne Jesus Christus. Kein Bestatter würde danach fragen, kein Sargträger und kein Verwandter.
Menschen würden konfirmiert mit dem aaronitischen Segen (Num 6,24–26). Keiner würde aufschreien, wenn Jesus Christus während der Konfirmation nicht genannt würde.
Wir Christen haben keinen Grund zur Klage, keinen Grund zum Vorwurf, erst Recht keinen Grund zur Schelte. Dass die Menschen uns in Anspruch nehmen bei Taufe, Konfirmation, Trauung und Bestattung ehrt nicht uns. Dass sie sich immer noch «Christen» nennen, ist nicht unser Verdienst. Dass sie nicht wissen, was sie damit tun, ist allerdings unsere Schuld.
Die Krise der Kirche ist die Krise des zweiten Glaubensartikels. Die Krise der Kirche ist nicht mehr die «Gottesfinsternis», sondern die «Christusfinsternis».
Es ist uns nicht gelungen, den Glauben an Jesus Christus in die Her-

zen und Sinne der Menschen zu übersetzen. Den Dienst des Fährmanns sind wir schuldig geblieben. Viele stehen längst nicht mehr am anderen Ufer. Sie sind weitergezogen, um eine eigene Furt zu finden.

Ich lese

Wie können wir – und dies noch angesichts des für den Weltfrieden so wichtigen interreligiösen Dialogs – glaubwürdig heute den Anspruch des johanneischen Jesus Christus übersetzen: «Ich bin der Weg und die Wahrheit und das Leben; niemand kommt zum Vater, es sei denn durch mich.» (Joh 14,6)
«In Christus ...» – hunderte Mal taucht diese Wendung im paulinischen Schrifttum auf. In ihm liegen verborgen alle Schätze der Weisheit und der Erkenntnis, in ihm die ganze Fülle Gottes. Ich möchte mein «Aber» in solchen Glauben tauchen.

Ich frage

Was bedeutet mir Jesus Christus ganz persönlich?
Komme ich auch ohne ihn mit Gott ganz gut zurecht?
Was würde mir fehlen ohne Jesus Christus?
Wo und wann und wie erfahren Menschen in unseren Gottesdiensten und im Alltag der Gemeinde, dass Jesus die «für Menschen verständliche Ausgabe Gottes» – so ein Konfirmand – ist?

Ich entdecke

Es gibt Gemeindeglieder, denen kommt das «Herr Jesus» im Gespräch oder im Gebetskreis ohne Zögern über die Lippen. Wenn man diese «Formel» hinterfragt, sind sie erstaunt, sie gilt für ihr

Leben selbstverständlich.
Es gibt andere Gemeindeglieder, die tun sich schwer mit der Christologie. Sie entdecken sich im theologischen Gespräch plötzlich eher als Anhänger des jüdischen Glaubens: Sie glauben mit Jesus an den einen Gott, den er Vater nennt.
Die christliche Gemeinde läuft Gefahr, sich darüber zu trennen. «Evangelikal», «charismatisch», «landeskirchlich», «freikirchlich» sind Schubladen, die nur dann aufgebrochen werden können, wenn es uns gelingt, ökumenisch neu zu beschreiben und zu leben, was Paulus und seine Gemeinden «in Christus» erlebt haben.

Ich bete

Um deinen Heiligen Geist
bitte ich dich, Gott.
Schenke und erhalte mir
den Glauben an Jesus Christus.
Lass mich in tagen des Zweifels nicht allein.
Schenke mir Halt, Verständnis und Zuspruch
in der Gemeinde hier und weltweit in der Kirche,
die sich zu Jesus Christus bekennt.

Ich gehe weiter

Wo der Glaube in Gefahr ist, kann er auch stark werden.
In der Gefahr schüttet der Körper neue Kräfte aus. In der Glaubensgefahr wachen die Wurzeln auf und greifen kräftiger.
Glaube, den es nicht schüttelt, wird in der Not nicht weit reichen.
In der Beharrlichkeit liegt ein grosser Segen.
In der Beharrlichkeit Gottes, der uns das Wesentliche gibt.
Mit unserer Taufe. Mit Jesus Christus. Mit der in unser Herz ausgegossenen Liebe.

Unsere individuelle Hoffnung wird – davon ist Paulus überzeugt – zum Wahn, wenn sie keinen Ort hat, keinen Halt, keinen Anker, keinen Grund: «Wenn es keine Auferstehung der Toten gibt, dann ist auch Christus nicht auferweckt worden. Ist aber Christus nicht auferweckt worden, so ist unsere Verkündigung leer, leer auch euer Glaube.» (1Kor 15,13)
Unsere individuelle Auferstehungshoffnung, so verschieden und so brüchig sie sein mag, unser Glauben, Hoffen und Lieben hat in Christus seinen Ort, seinen Ausgangspunkt und Halt.
«In Christus» – das ist aber nicht Enge und Orthodoxie, sondern Weite und Doxologie. «In Christus» herrschen nicht muffige Gesetzlichkeit und Angst, sondern Gottes grenzenlose Liebe. In Christus – im Herzen Gottes – bist du verstanden mit deinen Ängsten, geborgen in deiner Sehnsucht und gerettet für das Leben.
Ob ich es umdrehen kann: Wer Rettung spürt in seiner Ausweglosigkeit, wer Brücken findet über Abgründe, wer einen Halt gefunden hat, kann erzählen, was «Jesus Christus heute» bedeutet?

Aufbauende Rede
und Begegnung mit Gnade

Ich erlebe

Keiner kann sich die lebensentscheidenden Sätze selbst sagen: Ich liebe dich. Ich brauche dich. Du bist mein Kind. Du bist meine Freundin, mein Freund. Jeder braucht Ermutigung und Zuwendung: Steh auf, nimm dein Bett, dein Glaube hat dir geholfen, geh aufrecht, du bist geheilt, du darfst noch weite Wege gehen, dir sind deine Sünden vergeben, ich segne dich.
Menschen sind auf solche lebensstiftenden Sätze, auf aufbauende, erbauliche Rede angewiesen. Keiner lebt vom Brot allein. Er lebt vom Kuss, vom lieben Blick, von der Hand, die bleibt und von dem guten Wort, das ihm gesagt ist.
Vielleicht suchen die Menschen heute nicht mehr einen gnädigen Gott wie zur Zeit der Reformation. Die «Mächte», vor denen sie sich fürchten, tragen nicht den Namen Gott, sind oft sogar «anonym». Doch der Bedarf an «Gnade» hat nicht abgenommen.
Menschen suchen bei Angehörigen geistlicher Berufe aufbauende Rede und Begegnung mit Gnade, weil sie hier kein Eigeninteresse, keine Hintergedanken, keine drohenden neuen Abhängigkeiten vermuten. Hier wird Gnade nicht «gewährt», sondern (mit)geteilt und gefeiert.

Ich lese

Gott ist ein «Fürchte dich nicht»-Gott, ein «Sei getrost»-Gott.
Abraham wird in hohem Alter ein neuer Weg zugemutet – fürchte dich nicht!
Isaak zieht unstet durch fremdes Land – fürchte dich nicht!

Jeremia will nicht predigen, hat Angst vor den Mächtigen – fürchte dich nicht!
Josua soll das Volk über den Jordan führen – sei getrost!
Der hochbetagte Priester Zacharias ist erschüttert von Gottes Nähe – fürchte dich nicht!
Maria, ein junges Mädchen, versteht nicht – fürchte dich nicht!
Die Hirten auf den Feldern Betlehems sind zu Tode erschrocken – fürchtet euch nicht!
Die Frauen an Jesu Grab – fürchtet euch nicht.
Die aufbauende Rede erreicht Seele und Körper:
Elia unter dem Wacholder wird durch Essen und Trinken gestärkt.
«Dann legte er sich hin, und unter einem Ginsterstrauch schlief er ein. Aber plötzlich berührte ihn ein Bote und sprach zu ihm: Steh auf, iss!» (1Kön 19,5)
Jesus spricht zum Gelähmten, nachdem ihm die Sünden vergeben sind: «Ich sage dir, steh auf, nimm deine Bahre und geh nach Hause!» (Mk 2,11)
Die Angst bekommt – salopp gesprochen – «Fersengeld».

Ich frage

Ich frage, wo in unseren Gottesdiensten und im Alltag der Gemeinde erfahren Menschen erbauliche, aufbauende Rede?
Trägt das aufbauende Wort?
Wie lange trägt es?
Verändert es deinen Tag und trägt es durch die Nacht?
Wachst du morgens mit einem Kater auf und die Welt ist die alte?
Und: Hörst du auch hin, wenn dir etwas Aufbauendes gesagt wird?
Wo bedarfst du der Gnade?

Ich entdecke

Bei der gottesdienstlichen Beichte frage ich: «Ist dies dein aufrichtiges Bekenntnis? Willst du alles, was auf deiner Seele lastet der Liebe Gottes anvertrauen und begehrst du die Vergebung der Sünden um Christi willen, so antworte: Ja.»
Meist höre ich ein kräftiges, überzeugtes «Ja.»
Ich verstehe das so, dass bei aller «Beichtmüdigkeit» der Bedarf nach Beichte, Zuspruch der Gnade und aufbauender Rede gross ist. Menschen trauen Angehörigen geistlicher Berufe zu, dass sie Gnade nicht im eigenen Namen und aus eigener Erfahrung, sondern in Gottes Namen und in seinem Auftrag zusprechen.

Ich bete

Um deinen Heiligen Geist
bitte ich dich, Gott.
Schenke auch mir deine Gnade,
löse mich aus Verstrickungen,
befreie mich vom lastenden Druck,
dass ich aufrecht gehen
und anderen zusprechen kann,
was du mir aufgetragen hast:
Mensch, du hast einen gnädigen Gott.
Mache mich getrost,
dass ich trösten kann.

Ich gehe weiter

Ich will mir gut überlegen, dass der Zuspruch, der gleichzeitig ja ein Anspruch ist (du darfst, du kannst), Menschen nicht neu überfordert. Die Entlasteten, Aufgerichteten und Aufgebauten werden bei

Jesus «zweckfrei» erbaut. Nicht um des «Folge mir nach!» willens vergibt er Sünden, sondern um zu heilen. Damit sind die Geheilten erst einmal «entlassen». Was heisst das für die Beicht- und Abendmahlsgemeinde? Was bedeutet das für die Seelsorge?

Gemeinsame Suche nach Wahrheit

Ich erlebe

Wahrheit wäre das Ende jeder Theorie, jedes Scheins von Wahrheit.
Wahrheit bezeugt, bekennt, ist subjektiv, spaltet.
Wahrheit ist nicht das, was wir alle mit dem gleichen Mass messen.
Die Wahrheit misst jede und jeder mit dem eigenen Mass.
Wahrheit ist nicht das, was ich beweise.
Wahrheit ist das, für das ich einstehe, kämpfe, streite.
Wahrheit: Das ist eine ungeheure Anmassung, derer sich viele nicht bewusst sind.
Menschen suchen (bei uns) exakt dieses: Wahrheit. Zu viele haben sie hinters Licht geführt. Der Vorgesetzte hat sie belogen, der Ehepartner betrogen, der Altersvorsorge-Anbieter getäuscht, der Vermieter hinters Licht geführt.
Aber: Wenn da jemand wäre, dem man trauen könnte, das wäre eine Befreiung.
Menschen meinen immer noch, dass man uns trauen kann, auch wenn dieses Vertrauen schwindet. Ich erlebe – evangelisch wie katholisch – einen gewaltigen Schwund dieses Vertrauens durch die vielen, unter den Tisch gekehrten und nur unter höchstem Druck öffentlich gemachten Missbrauchsfälle.

Ich lese

Die Evangelien und die Briefe bekennen: In Jesus Christus findet die Suche nach der Wahrheit die lebensentscheidende Antwort.
In Jesus begegnen wir der Fülle Gottes, und unsere Suche nach der Wahrheit findet eine befriedigende Antwort.
Pilatus fragt: Was ist Wahrheit?

Nikodemus sucht in der Nacht nach Wahrheit.
Wir predigen nichts «Richtiges». «Rechtgläubigkeit» ist geistlos, ist zum Trug verurteilt und zum «Fundamentalismus», der der Wahrheit kein Leben mehr zutraut und keine Zukunft mehr schenkt: «Denn der Buchstabe tötet, der Geist aber macht lebendig.» (2Kor 3,6) Wahrheit verbaut nicht, macht Leben nicht zunichte. Wahrheit weitet und macht Leben möglich: «Ihr werdet die Wahrheit erkennen, und die Wahrheit wird euch frei machen.» (Joh 8,32)

Ich frage

Was war wahr in den zurückliegenden Tagen?
Was hat nicht gestimmt in den zurückliegenden Tagen?
Wo will ich die Wahrheit wissen?
Warum will ich die Wahrheit wissen?
Warum will ich die Wahrheit nicht wissen?
Welche Wahrheiten erwarten die Menschen in unserem Gottesdienst? Kann ich Wahrheit dosieren?
Was hat das Feiern von Gottesdiensten mit der Wahrheit meines Lebens zu tun?
Wie begegnen wir dem Vertrauensschwund gegenüber den Vertretern – darf man den Studien trauen, dann geht es nicht um Vertreterinnen – kirchlicher Ämter?

Ich entdecke

Sie wollen keine «Wahrsager». Das ist Jux, manchmal wird es tödlicher Ernst, wenn sich jemand in den Jux verstrickt und der Lügenwelt traut.
Sie wollen keine Richtigkeiten. Was richtig und falsch ist, haben sie zur Genüge gelernt. Das wird abgefragt und zensiert.
Sie wollen kein Theater, keine Show. Gelegentlich schon, aber wenn

es um das Wesentliche geht, gehen sie nicht ins Kino, sondern in die Kirche.
Menschen sind wie nie zuvor herausgefordert, auf dem Markt der Möglichkeiten, auch der religiösen Angebote zu unterscheiden.
Die Menschen hasten in ihrer Hilflosigkeit vom Öko-Kurs zum Sterndeuter, vom Sterndeuter zum Zen-Meister, vom Zen-Meister zur Atemtherapeutin, anschliessend zwei Runden im nächstgelegenen Wald, Stutenmilch und Leinsamen, Urschreitherapie, Streichelkurse und zur Sicherheit das Zyankali vom ‹sanften Tod›. Das ist doch nichts als eine riesige Wunde, ein riesiges Fragezeichen. Unsere ratlose, mutlose, kranke westliche Welt ist Missionsgebiet. Menschen suchen nach Wahrheit, nach verlässlicher, bezeugter, ehrlicher Wahrheit.

Ich bete

Um deinen Heiligen Geist
bitte ich dich, Gott,
dass ich verantworte, was ich sage,
dass ich sage, was ich glaube,
dass ich Glauben und Zweifel teile.
Du Geist der Wahrheit,
ich möchte ein Ort sein, an dem du wohnst.
Frei möchte ich sein,
ohne Menschenscheu und Selbstzweifel,
eins mit dir und eins mit mir.

Ich gehe weiter

Wir müssen nicht besser sein als die anderen. Wir Angehörigen geistlicher Berufe müssen weder dem Yogi Konkurrenz machen. (Er beherrscht seinen Körper besser.) Auch nicht dem Zen-Meister. (Er hat sitzen gelernt und sitzt noch, wenn uns alles weh tut.) Auch nicht dem Derwisch. (Er dreht inspiriert seine Runden und tanzt, wenn wir längst das Gleichgewicht verloren haben.) Auch nicht der Craniosacral-Therapeutin. (Sie versteht mehr vom kranken Körper als wir.)

Wir sind dankbar über all die menschlichen Erfahrungen, die sich über Jahrtausende gesammelt haben und uns heute durch die moderne Kommunikation zur Verfügung stehen.

Wir haben das Unsere zu tun, das Unsere zu sagen. Wir Angehörige geistlicher Berufe aus der Kirche Jesu Christi sollen uns nicht schämen, unsere Wahrheit zu bezeugen. Sie wird sich hier und dort mit anderen Wahrheiten ergänzen. Sie wird sich mit anderen Wahrheiten streiten. Dieser Wahrheit sind nicht die grossen Zahlen und die tollen Einschaltquoten verheissen. Es heisst nur, diese Wahrheit mache frei und habe einen Namen, der für sie bürgt.

Wir Angehörige geistlicher Berufe sollen nur für diese Freiheit zeugen und diesen Namen verkündigen. Dazu hat uns die Gemeinde von anderen Pflichten entbunden.

Wir «besitzen» nicht die Wahrheit. Im Gegenteil: Die Wahrheit «macht uns frei.»

Gelingende Feier und erfülltes Fest

Ich erlebe

Das Elend bei Feiern und Festen schreit zum Himmel.
Sie können nicht mehr feiern.
Sie können nur noch «klotzen und kotzen».
Bis zum Überdruss fröhlich, bis zum Herzinfarkt gut drauf.
Und keiner mehr, der ihnen das Feiern beibringt.
Längst redet niemand mehr angesichts der Gestaltung von Kasualien vom «Baalskult» (Rudolf Bohren). In der Zwischenzeit erleben Angehörige geistlicher Berufe die Kasualien als «missionarische Gelegenheiten». Kirche ist zu einer «Kirche bei Gelegenheit» (Michael Nüchtern) geworden.
Das Spannende: Sie kommen immer noch zu uns. Sie trauen uns spirituelle Kompetenz bei der Bewältigung und Gestaltung der «rites de passages» zu.

Ich lese

In der Apostelgeschichte lesen wir zusammenfassend und sicherlich idealisiert über die Frauen und Männer der ersten christlichen Gemeinde: «Sie aber hielten fest an der Lehre der Apostel und an der Gemeinschaft, am Brechen des Brotes und am Gebet.» (Apg 2,42)
Eine tägliche Übung, die mit Sicherheit in den ersten Jahrzehnten noch begleitet war durch den regelmässigen Gang in Tempel und Synagoge, geprägt durch jüdische Traditionen und Riten.
Doch selbst in dieser noch «stabilen» Tradition des Feierns muss Paulus helfend, kritisch mahnend und wegweisend eingreifen:
«Wenn ich das Folgende anordne, so kann ich euch nicht loben, weil ihr nicht zur Förderung des Guten, sondern des Schlechten zu-

sammenkommt. Vor allem nämlich höre ich, es gebe, wenn ihr als Gemeinde zusammenkommt, Spaltungen unter euch, und zum Teil glaube ich das auch. Es muss ja auch Parteiungen geben unter euch, damit die Tüchtigen unter euch erkennbar werden. So aber, wie ihr nun zusammenkommt, ist das Essen gar kein Mahl des Herrn. Denn jeder nimmt beim Essen sein eigenes Mahl vorweg, und der eine hungert, der andere ist schon betrunken. Habt ihr denn keine Häuser, in denen ihr essen und trinken könnt? Oder missachtet ihr die Gemeinde Gottes und wollt die beschämen, die nichts haben? Was soll ich euch sagen? Soll ich euch loben? In diesem Fall kann ich euch nicht loben.» (1Kor 11,17–22)

Spaltungen, Missverständnisse, Unterschiede und «milieuspezifisches Verhalten» sind also keine modernen Erscheinungen, sondern gehören von Anfang an zum Leben und zur Gestalt der Feiern der Gemeinde hinzu. Dies ermutigt, frei und kritisch auch heute zu mahnen und zu helfen, damit die Menschen nicht «zu ihrem Schaden» zusammenkommen.

Ich frage

Wann habe ich das letzte Mal so richtig ehrlich und echt und ohne Aufwand gefeiert?
Wann hat man mich zuletzt «gefeiert» und wie konnte ich damit umgehen?
Was ist mir eine Feier wert?
Wie feiern die Menschen Taufen?
Wie feiern die Menschen Konfirmationen?
Wie feiern die Menschen Hochzeiten?
Wie feiern die Menschen den Tod?
Wann war ich das letzte Mal bei einer solchen «Feier»?
Welche Hilfen gibt unsere Gemeinde für Menschen, die feiern wollen?

Ich entdecke

Bestatter, Eventveranstalter, Partyservices und andere Dienstleister haben die Zeichen erkannt und bieten ihre Dienste an.
Königliche Hochzeiten und Trauerzeremonien locken Millionen an den Fernseher. Die dort gebotenen Rituale werden gerne angenommen. Niemand lächelt über Gebete während der Übertragungen, keiner verhöhnt Lied und Predigt.
Die Wunsch- und Phantasiewelt des Films weckt die Hoffnung, die eigenen Trauer- oder Freudenriten ähnlich grossartig und entlastend begehen zu können. Oft finden Menschen nicht ein eigenes Mass, sondern versuchen sich unglücklich am Plagiat.
Andere sind in ihrer Vorstellungswelt so festgelegt, dass es bei der Gestaltung von Kasualien zu Konflikten kommt: Zwei Welten prallen aufeinander, passen meist auch nicht zusammen. Der Kompromiss ist oft nicht die beste Lösung.

Ich bete

Um deinen Heiligen Geist,
bitte ich dich, Gott.
Wenn Menschen feiern,
sei mir ihr Feiertag kein Alltag.
Wenn Menschen trauern,
sei mir ihre Trauer keine Nebensache.
Hilf mir, sie zu verstehen
und ihnen zu helfen,
Freude und Trauer so zu gestalten,
dass sie sich nicht schaden.

Ich gehe weiter

Ich will meine Gespräche vor Taufen, Konfirmationen, Trauungen und Beerdigungen um die Frage erweitern: Was machen Sie nach dem Gottesdienst? Wie feiern Sie das Fest? Wie sieht der Trauertag nach der Beerdigung aus?

Ich stelle für jeden Kasus ein kleines Blatt zusammen mit Anregungen zur Gestaltung des Festes, des Beisammenseins nach dem Gottesdienst. Mag sein, dass es ungelesen liegen bleibt, mag aber auch sein, dass es zum Gelingen beiträgt.

Ich will Gottesdienste und Kasualien so (mit)gestalten, dass die Menschen etwas erfahren von der Fülle der Feier, von der entlastenden und gemeinschaftsstiftenden Funktion von Riten. Unser Gottesdienst könnte – in seiner «Schönheit» – Beispiel sein für gelingendes Feiern.

Mit Menschen und vor Gott klagen können

Ich erlebe

Menschen suchen Orte der Klage, suchen Formen der Klage. Klage darf nicht vereinsamen und Schrei darf nicht ungehört verhallen. Klageriten, wie wir sie aus anderen Ländern, Religionen und Kulturen heute noch kennen, sind uns mit der «Aufklärung» verloren gegangen, muten uns peinlich an. Dennoch spüren wir die Not verlorener Artikulationsmöglichkeiten: Menschen sind hilflos, ziehen sich in ihrem Elend zurück, wollen anderen nicht zur Last fallen. Gängige Sätze einer Kultur, der die gemeinsame Klage verloren gegangen ist, sind Sätze wie:
Das muss jeder ganz allein mit sich selbst ausmachen. Oder: Da kann mir niemand helfen. Oder: Da muss ich einfach durch.
Die Menschen vermuten bei Angehörigen geistlicher Berufe einen Rest Kenntnis davon, wie man klagt, ohne sich zu verlieren. Angehörige geistlicher Berufe kennen die Phasen der Trauer und haben deshalb Verständnis für «eigenartiges Verhalten». Sie kennen auch die «richtige Adresse» für die Klage. Sie reden nicht an eine Wand, sie wenden sich an Gott.

Ich lese

«Gott, in deiner grossen Güte erhöre mich mit deiner treuen Hilfe. Rette mich aus dem Schlamm, dass ich nicht versinke, dass ich gerettet werde vor denen, die mich hassen, und aus den Wassertiefen, dass die Wasserflut mich nicht fortreisse und die Tiefe mich nicht verschlinge, noch der Brunnen seinen Mund über mir schliesse. Erhöre mich, HERR, denn deine Güte ist köstlich, in deinem grossen

Erbarmen wende dich mir zu.» So klagt der Beter des Ps 69,14–17 und mit ihm eine ganze Gattung der biblischen Lieder: Klagen der Einzelnen und Klagen des Volks.

Josef klagt sieben Tage über den Tod seines Vaters Jakob (Gen 50). Alle Kriegsleute und das ganze Volk halten Klage mitten in einem Krieg, der viele Menschenleben gekostet hat (Ri 20,23 u. ö.). Hiobs und Jeremias Klagen sind sprichwörtlich. Gottesfürchtige Männer bestatten den durch Steinigung getöteten Stephanus und halten «eine grosse Klage» (Apg 8,2).

Ich frage

Wann und wo in unseren Gottesdiensten und im Alltag der Gemeinde üben wir Solidarität mit den Klagenden? Wann und wo in unseren Gottesdiensten und im Alltag der Gemeinde machen wir uns die Klage anderer zu eigen?

Wer hat meine Klage zu seiner/ihrer gemacht? Und wie habe ich das erlebt?

Warum verstecken wir unsere Klage? Wann habe ich der Klage eines anderen meinen Mund geliehen? Kann ich Klagen üben?

Ich entdecke

Menschen sind dankbar für kleine Gesten; für den «Beistand» am Grab; die Kerze, die für die Verstorbenen auf dem Altar angezündet wird; das ehrende Totengedenken in der Kirche. Sie bedanken sich. Sie sagen, das habe ihnen gut getan. Es sei «ganz in ihrem Sinn» gewesen.

Solche Aussagen in und nach Extremsituationen sind nicht einfach zu interpretieren, sie signalisieren aber die existenzielle Bedeutung eines kundigen Umgangs mit Klage, der verbalisiert, was die Menschen selbst auszudrücken verlernt haben. Angehörige geistlicher Berufe «klagen von Amts wegen öffentlich»; das entlastet die privatisierte (wörtlich «beraubte») Klage, die sich versteckt und «bedeckt hält».

Ich bete

Um deinen Heiligen Geist
bitte ich dich, Gott.
Öffne meine Ohren für das,
was sie klagen möchten.
Öffne mein Herz
für ihre Verzweiflung und Not.
Öffne meinen Mund,
dass ich ihre Worte finde,
ihre Not klage,
ihre Schuld bekenne
und ihre Hoffnung wecke.

Ich gehe weiter

Der Gemeindegottesdienst – nicht der Kasus – ist neu zu entdecken als Ort der Klage. Noch finden Gottesdienste für verwaiste Eltern oder Friedensgebete in drohenden Kriegszeiten oder bei/nach schlimmen Katastrophen eher als «Kasualien» statt. Es gilt, über die Kompetenz der Angehörigen geistlicher Berufe hinaus wieder die Gemeinde als den Ort zu entdecken, in dem man ungeschützt, unbelacht und gemeinsam klagen kann.

Als Mensch wahrgenommen werden

Ich erlebe

Menschen möchten einen Namen haben, möchten beim Namen gerufen werden, wollen nicht austauschbar sein. Peinlich, wenn der Arzt sagt: Guten Tag, Frau Müller, wie geht es heute Ihrem Magen? Und Frau Müller heisst Wagner oder Maier; und sie hat einen guten Magen, aber Probleme mit dem Ischiasnerv.

Ein Kollege, Gefängnispfarrer, erzählte mir folgende Geschichte: Es ist Heiligbend. 125 von 160 Insassen besuchen den Gottesdienst in der Kapelle der Strafanstalt. Wochen später spricht ihn ein Strafgefangener darauf an: «Ihr Weihnachtsgottesdienst hat mich sehr beeindruckt.» Der Pfarrer: «Ach, Sie waren auch da?» Worauf der Strafgefangene wortlos geht.

«Ach, Sie waren auch da?» Menschen wollen als Individuen, als Menschen wahrgenommen werden. Das erwarten sie von der Kirche. Kaum zu leisten, dennoch berechtigt.

Ich lese

Die Frauen und Männer um Jesus haben Namen, sind nicht einfach nur Jüngerinnen und Jünger. Sie haben eine Geschichte, sind nicht austauschbar.

«Was ist der Mensch?» (Ps 8) Staunend erkennt der Mensch, dass er als solcher wahrgenommen wird. Gott sucht ihn: Adam, wo ist du? Kain, wo ist dein Bruder Abel? Saul, was verfolgst du mich! Ananias, steh auf und geh ...

Der Mensch ist als Ebenbild Gottes auf andere Menschen zu geschaffen (Gen 1,27; 2,23); erst in Liebe und Partnerschaft wird er «Mensch». Dennoch ist er als einzelnes Wesen unendlich wertvoll: «Bei euch aber sind sogar die Haare auf dem Kopf alle gezählt.» (Mt 10,30) Gott geht dem Einzelnen nach, bis er ihn gefunden hat («Verlorener Sohn», verlorener Groschen, Lk 15,10: «So, sage ich euch, wird man sich freuen im Beisein der Engel Gottes über einen Sünder, der umkehrt.»)

Ich frage

Was tue ich, damit Menschen unter uns als Menschen wahrgenommen werden?
Was muss ich lassen, damit Menschen unter uns als Menschen wahrgenommen werden?
Wann stehe ich im Weg?
Wann ebne ich den Weg?

Ich entdecke

Die Enttäuschung ist gross über jede Austauschbarkeit.
Auf berührende Weise bedanken sich – ältere – Menschen für Serienbriefe zum Geburtstag, die oft nicht wir selbst geschrieben, allenfalls unterschrieben haben.
Menschen erinnern sich in Gesprächen oft sehr genau an Ereignisse, Gesprächsinhalte usw., die ich längst vergessen habe: «Damals haben Sie ...», «Sie kennen mich ja von ...», «Ich habe Ihnen damals ja die ganze Geschichte erzählt. Sie werden sich erinnern.»
Es ist nicht deshalb, weil sie sich selbst so wichtig nehmen, sondern weil sie Begegnungen mit Angehörigen geistlicher Berufe so wichtig nehmen. In diesen Begegnungen kommt «die Kirche» und (sicherlich auch nach ihrem Verständnis) Gott zu ihnen ganz persönlich.

Ich bete

Um deinen Heiligen Geist
bitte ich dich, Gott.
Schenke mir ein gutes Gedächtnis.
Hilf mir, bei den Menschen zu sein.
Gib mir das rechte Gespür für Nähe und Distanz.
Mein Mitleid sei echt,
meine Freude ehrlich,
mein Interesse nicht geheuchelt,
und meine Zuneigung nicht gespielt.
Meine Grenzen seien klar
und mein Nein möge nicht verletzen.
Ich kann das nicht wirklich.
Du traust mir das zu.

Ich gehe weiter

Was ist das «Menschliche» an einem Menschen?
Herbert Grönemeyer (2003) hat uns das in einfachen Worten gesungen: Der Mensch heisst Mensch, weil er vergisst, verdrängt, schwärmt, glaubt, sich anlehnt, vertraut, lacht, lebt, erinnert, kämpft, hofft, liebt, mitfühlt, vergibt ...
Es gibt einen Kairos für die Frage, was der Mensch sei. Und dieser Kairos, dieser entscheidend richtige Zeitpunkt heisst immer «jetzt». Heisst immer «du» oder «ich» oder «wir». Ich erinnere mich an die immer wieder auf neuen Demonstrationen «gegen Rechts» (gegen Rassismus, «Remigration» und Antisemitismus) nachgesprochenen Worte: «Nie wieder ist jetzt!»
Was der Mensch ist, entscheidet sich immer konkret, entscheidet sich in Beziehungen, im Dialog, im Krieg, im Kuss, im Widerstand, im Gebet. Was der Mensch sei, lässt sich nicht auf morgen verschie-

ben, an andere delegieren und in Bücher pressen.
Wie kann ich Menschen besser, intensiver und echter als «Mensch» wahrnehmen? Indem ich sie liebe. Es gibt kein besseres Rezept. Wir müssen nur Jesus studieren und so leben, wie er meint, dass Leben menschlich sei.
Und vielleicht liegen dann der Evangelist Lukas und der Liedermacher Herbert Grönemeyer gar nicht so weit auseinander?
Ich wünschte, ich könnte lieben.
Ich bin ja auch – nur ein Mensch.

Das rechte Mass von Freiheit und Bindung

Ich erlebe

Menschen sehnen sich nach Freiheit. Bei den vielen Freiheiten, die ihnen (zum Kauf) geboten werden, spüren sie mit Recht: Da ist etwas faul.

Es ist das Dilemma einer übersättigten Gesellschaft, dass sich «die Freiheit von» schneller weiterentwickelt als «die Freude an».

Doch ich brauche einen Halt, wenn ich loslassen will. Menschen spüren, dass ihnen dieser Halt verloren geht. Die Diskussion über «Werte» macht deutlich, dass ein kritischer Punkt erreicht ist. Kirche ist gefordert. Angehörige geistlicher Berufe werden mehr und mehr aufgefordert, zu Werten Stellung zu nehmen, Werte zu vermitteln.

Dabei begegnen wir äusserst unterschiedlichen Vorstellungen, was mit «Freiheit» gemeint ist. Selten begegnet mir dabei die Liebe als Grund aller Freiheit.

Ich lese

Luthers Schrift «Von der Freiheit eines Christenmenschen» ist in ihrem Anspruch zu einem Gütesiegel des christlichen Menschenbilds geworden. Freiheit und Mensch wird zusammengedacht. Dies geht auf tiefste Traditionen der jüdischen Gemeinde zurück: Gott führt sein Volk in die Freiheit. Die Freiheit des Einzelnen beginnt nicht erst mit der «Aufklärung».

Der Dekalog steht für die «Bewahrung der Freiheit» (Frank Crüsemann); Sabbat, Sabbatjahr und Erlassjahr verdeutlichen: Gott will freie Menschen.

Dass der Mensch in seiner Freiheit der übertragenen Verantwortung nicht gerecht und in seinem «masslosen» Leben schuldig wird, ist die anthropologische Tragik, die sich durch die ganze Bibel zieht.

Ich frage

Wovon wäre ich gerne befreit?
Wozu wäre ich gerne befreit?
Woran würde ich mich gerne binden?
Was unterscheidet die Freiheit eines Christen von der Freiheit eines Muslims?
Und was ist so besonders an dieser Freiheit? Kann ich das einer Muslima, einem Muslim verständlich machen?
Fühle ich mich nicht wohler in klaren Bindungen, die mich halten?
Gibt es einen Zusammenhang zwischen meiner Freiheit und Gott / Jesus Christus / dem Heiligen Geist?
Was in unseren Gottesdiensten und im Alltag der Gemeinde macht Menschen frei?

Ich entdecke

Die «Fluktuation» in unseren Gemeinden nimmt stetig zu. Längst ist der Mitgliederschwund bzw. der Mitgliederaustausch nicht mehr nur ein Phänomen der Grossstadtgemeinden.
Menschen suchen bei allem Zwang zur Mobilität, dem sie aus ökonomischen Gründen unterworfen sind, eine Bleibe. Ich stelle überrascht fest, dass sich die Offenheit und Durchlässigkeit landeskirchlicher Gemeinden gerade bei Familien mit hoher Mobilität oft nicht als günstig erweist. Sie suchen die engere Bindung, die grössere «Verbindlichkeit» freikirchlicher oder charismatischer Gemeinden. Andererseits wechseln «alteingesessene» Familien nicht oder nur selten von der Landeskirche in «freie» Gemeinden.

Ich bete

Um deinen Heiligen Geist
bitte ich dich, Gott.
Gib mir selbst das rechte Mass von Freiheit und Bindung,
damit ich frei bin für die Menschen, die du mir anvertraust.
Befreie mich, dass ich lebe.
Halte mich, dass ich mich nicht verliere.
Segne mich, dass ich bleibe.
Rufe mich, dass ich gehe.
Geh mir nach, dass ich dich finde.

Ich gehe weiter

Ich möchte mit anderen in der Gemeinde darüber nachdenken, was wir tun und lassen können, damit aus der Vielfalt nicht Beliebigkeit, aus regionalen Profilen keine Grenzen werden. In Zeiten grosser Mobilität der Menschen, die in den kommenden Jahrzehnten noch zunehmen wird, angesichts der erheblichen Migrationsströme ist die Begegnung und der ökumenische Austausch lebensnotwendig, will ich unter Freiheit nicht «die Insel» und unter Einheit nicht «die Sekte» verstehen.

Das rechte Mass an gestalterischer Freiheit und verbindlichem Inhalt, an inhaltlicher Offenheit und formaler Verbindlichkeit ist ein ökumenisches Gebets- und Gesprächsanliegen ersten Ranges.

Der christliche Umgang mit der Freiheit und das in der christlichen Gemeinde gelebte heilsame Mass von Bindung und Freiheit ist ein wesentliches geistliches Signal für viele Bereiche des gesellschaftlichen Lebens.

Gebet

Ich erlebe

Auf halber Höhe dreht sie sich um, nimmt meine beiden Hände und sagt: «Denken Sie bitte an mich.» – «Ja, ich denke an Sie.»
Was meint sie damit? Soll ich ihr die Daumen drücken? Soll ich eine Kerze für sie anzünden? Soll ich sie nicht vergessen? Was meint sie?
Was meinen meine Kinder, wenn sie am nächsten Tag eine Arbeit schreiben und zu mir sagen: «Papa, denkst du morgen in der dritten Stunde an mich, ich schreibe Englisch!»
Und die Verkäuferin, die morgen ins Krankenhaus zur Operation geht, die mir sagt: «Denken Sie bitte an mich!»
Die Frau, die sich im Altenheim angemeldet hat.
Das Kind, das alle vierzehn Tage zum anderen Elternteil geht und nicht möchte.
Der Mann, der Angst hat, zu versagen. Und die Mutter, die am Ende ist.
Alle haben sie irgendwann gesagt: «Denken Sie bitte an mich.» Keiner hat gesagt: «Beten Sie bitte für mich.» Und doch, ich meine, das hätten alle gemeint.
Menschen trauen uns zu, dass wir stellvertretend beten, dass unser Gebet ihr Gebet unterstützt oder ihre Hilflosigkeit zu beten ausgleicht. Und es sind nicht wenige, für die das Glockengeläut unserer Kirche mitten im betriebsamen Alltag ein klingendes Gebet ist, dem sie sich im Stillen anschliessen können.

Ich lese

Eine leise, kontinuierliche Spur führt durch beide Testamente: Betet!
«Gebt dem HERRN die Ehre seines Namens, werft euch nieder vor dem HERRN in heiliger Pracht.» (Ps 29,2 u. ö.)

«Sucht das Wohl der Stadt ... und betet für sie zum HERRN.» (Jer 29,7)
«Wacht und betet, damit ihr nicht in Versuchung kommt!» (Mk 14,38)
«Seid also allezeit wachsam und betet » (Lk 21,36)
«Von Gebet und Fürbitte lasst nicht ab: Betet allezeit im Geist und dazu seid wach! Seid beharrlich in der Fürbitte für alle Heiligen»(Eph 6,18).
«Betet ohne Unterlass.» (1Thess 5,17)
«Betet auch für uns.» (1Thess 5,25)
«Im Übrigen, liebe Brüder und Schwestern, betet für uns, dass das Wort des Herrn seinen Lauf nehme» (2Thess 3,1).
«Bekennt einander also die Sünden und betet füreinander, damit ihr geheilt werdet!» (Jak 5,16)
«Ihr aber, Geliebte, stützt euch auf euren allerheiligsten Glauben, betet im heiligen Geist» (Jud 20).
Eine grosse Verheissung liegt auf dem Gebet:
«Darum sage ich euch: Alles, worum ihr betet und bittet, glaubt nur, dass ihr es empfangt, so wird es euch zuteil werden.» (Mk 11,24)
«Denn wer bittet, empfängt; wer sucht, der findet; wer anklopft, dem wird aufgetan.» (Lk 11,10)
«Nicht ihr habt mich erwählt, sondern ich habe euch erwählt und dazu bestimmt, dass ihr euch aufmacht und Frucht bringt und dass eure Frucht bleibt, damit euch der Vater gibt, worum ihr ihn in meinem Namen bittet.» (Joh 15,16)
Paulus kennt allerdings auch die Gebetsnot, gleichzeitig auch den Gebetstrost:
«In gleicher Weise aber nimmt sich der Geist unserer Schwachheit an; denn wir wissen nicht, was wir eigentlich beten sollen; der Geist selber jedoch tritt für uns ein mit wortlosen Seufzern.» (Röm 8,26)

Ich frage

Wann bete ich?
Was bete ich?
Wie gestalte ich meine Fürbitte für die Gemeinde?
Wann wird das Gebet für mich zur Last?
Wann drängt mein Erleben zu einem Gebet?
Kann sich die Gemeinde auf mein anhaltendes Gebet verlassen?
Vertraue ich der Verheissung des Gebets?
Ermutige ich zum Beten?
Sprechen wir in der Gemeinde über unser Gebet, über gegenseitige Fürbitte über Gebetsnot und Gebetserhörung?

Ich entdecke

Menschen erzählen, dass die Kraft des Gebets anderer sie in Notzeiten spürbar getragen hat: «Ich habe das gespürt. Ich war nicht allein. Das hat mir Kraft gegeben.» Die Kraft des Gebets lässt sich an dieser Stelle nicht empirisch verifizieren. Es geht nicht um «objektive» Empirie, sondern um subjektive Erfahrung.
Dennoch gibt es erstaunliche wissenschaftliche Erkenntnisse. Die Mehrzahl von mittlerweile über 200 einschlägigen wissenschaftlichen Untersuchungen weist nach, dass der religiöse Glaube und die religiöse Praxis einen Einfluss auf Genesungsprozesse bei verschiedensten Erkrankungen haben.
Zwei Beispiele:
Zwischen August 1982 und Mai 1983 wurde an der University of California an 393 Patienten eine provozierende Studie über die Auswirkungen des Fürbittgebets durchgeführt (Randolph C. Byrd, Positive Therapeutic Effects of Intercessory Prayer in a Coronary Care Unit Population, in: Southern Medical Journal 81 [1988], 826–829). Die Patienten mit kurz zuvor erlittenem Herzinfarkt wurden

in eine Herzüberwachungsstation eingewiesen und in einer prospektiven, randomisierten und doppelblind geführten Studie in ein Protokoll aufgenommen. Das bedeutet: Die Fälle wurden nach Zufallsprinzip ausgewählt und laufend protokolliert, und weder Arzt noch Patient wussten, welcher Kategorie der Patient zugeteilt wurde. Die Studie sah vor, für die eine Hälfte der Patienten «beten zu lassen». Die zu erfüllenden Kriterien waren, christlich getauft zu sein, aktiv am Gemeindeleben teilzunehmen und täglich mindestens einmal zu beten. Jedem Patienten, für den gebetet wurde, teilte man drei bis sieben Beter zu. Das Ergebnis verblüfft: Die klinischen Parameter der Behandlungsgruppe waren bei der durch Gebet betreuten Gruppe wesentlich besser als die der Kontrollgruppe.

Eine Studie des Psychiaters Harold Koenig von der Duke Universität hat den Wert christlicher Gemeinschaft und gemeinsamen Gebets im Gottesdienst bestätigt. Die 1996 veröffentlichte Untersuchung ist die grösste Studie, die je über soziale Unterstützung durch Kirchenmitgliedschaft durchgeführt wurde. Koenig fand an 4 000 zufällig ausgewählten Senioren heraus: Ältere Menschen, die regelmässig Gottesdienste besuchen, sind weniger depressiv und körperlich gesünder als diejenigen, die allein zu Hause beten (Harold G. Koenig, The Healing Power of Faith. Science Explores Medicine's Last Great Frontier, New York 1999).

Ich bete

Um deinen Heiligen Geist
bitte ich dich, Gott.
Schenke mir die Liebe zum Gebet
und die Kraft aus der Stille.
Ich möchte anhaltend beten.
Halte du mich an.
Ich möchte deiner Verheissung trauen.

Stärke mein Vertrauen.
Ich danke dir für das Gebet deiner Kirche.

Ich gehe weiter

Eine der wesentlichen geistlichen Aufgaben ist das anhaltende Gebet. Es verlangt «Übung» ebenso wie Unterricht, Predigt und Seelsorge.
Damit mein Gebet nicht in eine Anhäufung von Bitten mündet, will ich Stille üben. Es ist hilfreich, wenn mein Gebet eingebettet ist in eine tägliche kurze Zeit der Stille und seinen Anhalt hat an einem Tagesgedanken aus der Bibel oder der Tradition.
Die Gemeinde soll wissen, dass wir beten.
Ich selbst weiss, dass rund um die Uhr und rund um die Erde Menschen beten und dabei auch für mich gebetet wird. So will ich auch die anderen Beterinnen und Beter in mein Gebet einschliessen.

Frieden, Gerechtigkeit und Bewahrung der Schöpfung

Ich erlebe

Natürlich ist uns der Wunsch nach Frieden nah. Und natürlich sind wir gegen Krieg. Der Krieg gegen die Ukraine und der Angriff auf Israel fordern uns neu. Doch der Frieden, den Menschen suchen, reicht tiefer. Sie suchen den Frieden mit ihrem Partner, mit ihren Kindern, mit ihren Nachbarn. Und sie suchen den Frieden mit ihrer Vergangenheit, möchten Schlussstriche ziehen, bereinigen, Rechnungen bezahlen, absolviert werden von Schuld.

Menschen suchen nicht den faulen Frieden. Der lässt sie so wenig schlafen wie das erschlichene Recht. Menschen wissen schon, was in Ordnung ist, und sie vermuten, wir wüssten Bescheid über Umwege und könnten bei Neuanfängen helfen.

Menschen stehen hilflos und ratlos vor der fortschreitenden Zerstörung der Schöpfung und aller Lebensgrundlagen durch eine nie da gewesene Form der Ausbeutung und Verzweckung. Sie erwarten von der Kirche nach allen Umfragen weniger die Einmischung in die «kleinen» politischen Alltagsfragen, aber eine deutliche Einmischung in Fragen von Krieg und Frieden, Elend, Gerechtigkeit und Gestaltung der Zukunft.

Sie erwarten diese Einmischung nicht von der Kirche als Lobby, sondern von der Kirche als inspirierter Gemeinschaft, die aus ihren Quellen kostbare Werte schöpft und lebt.

Ich lese

Am Anfang – Tohuwabohu und Finsternis – schwebt Gottes Geist auf dem Wasser. Der *Creator spiritus,* den Christen anrufen im Gebet,

spendet der leblosen Wüste und Leere Leben, scheidet und gestaltet, beauftragt und beseelt. Die Schöpfung – Ort des von Gott geschaffenen und gewährten Schalom für Tier, Mensch und Pflanze.
Wenn am Ende des vergangenen Jahrtausends Frauen und Männer aus christlichen Gemeinden weltweit sich zusammengefunden haben zu einem konziliaren Prozess für «Frieden, Gerechtigkeit und Bewahrung der Schöpfung» dann geschah dies inspiriert durch den Heiligen Geist. Der Geist hilft den Gemeinden, zu prüfen und das Gute zu behalten (1Thess 5,21), in Geduld und mit Mut auszuhalten und Widerstand zu leisten gegen das Böse («Wer Ohren hat, der höre, was der Geist den Gemeinden sagt.» Offb 2,7 u. ö.)

Ich frage

Was ist unrecht in meinem Leben?
Was ist verlogen in meinem Leben?
Was ist ohne Frieden?
Was ist ohne Recht?
Wo und womit bin ich beteiligt – auch international – am Unrecht durch meine Art zu leben, zu kaufen, zu konsumieren, zu wählen, zu reisen, zu haben oder haben zu wollen?
Wer findet Frieden nur dann, wenn ich den Frieden gewähre?
Wo und wann wird Frieden geschlossen im Gottesdienst?
Wer beglaubigt, dass der geschlossene Friede Gottes Wille ist?

Ich entdecke

Aus Friedensgebeten entstand die innere Kraft für die gewaltlose Wiedervereinigung Deutschlands.
In Krisenzeiten nutzen Menschen die Möglichkeit, die eigene Hilflosigkeit und Ohnmacht, die eigene Angst und Klage mit anderen

zu teilen und aus dem Evangelium Kraft zu schöpfen für den Widerstand gegen Unrecht, zum Nein gegen jeden Krieg, zu einem schonenden und geschwisterlichen Umgang mit Tier und Pflanze, Wasser und Luft.

Konfirmandinnen und Konfirmanden sind – als Suchende und als Hilflose in der Welt der Erwachsenen – besonders sensibel, wenn es um das Recht der Schöpfung auf Leben und Bewahrung geht.

Aus lokalen kirchlichen Gruppen sind weltweite Netzwerke entstanden, die in Gebet und aktivem Widerstand, in ökonomischen und ökologischen Alternativen Wege weisen, die nicht in den Abgrund führen.

Ich bete

Sonne der Gerechtigkeit,
gehe auf zu unsrer Zeit;
brich in deiner Kirche an,
dass die Welt es sehen kann.
Erbarm dich, Herr.
Gib den Boten Kraft und Mut,
Glauben, Hoffnung, Liebesglut,
und lass reiche Frucht aufgehn,
wo sie unter Tränen sä'n.
Erbarm dich, Herr.
Lass uns deine Herrlichkeit
sehen auch in dieser Zeit
und mit unsrer kleinen Kraft
suchen, was den Frieden schafft.
Erbarm dich, Herr.
(RG 795)

Ich gehe weiter

In der «Charta oecumenica» der Konferenz Europäischer Kirchen (Strassburg 2001) heisst es u. a.:
«Als Kirchen wollen wir gemeinsam den Prozess der Demokratisierung in Europa fördern. Wir engagieren uns für eine Friedensordnung auf der Grundlage gewaltfreier Konfliktlösungen. Wir verurteilen jede Form von Gewalt gegen Menschen, besonders gegen Frauen und Kinder. Zur Versöhnung gehört es, die soziale Gerechtigkeit in und unter allen Völkern zu fördern, vor allem die Kluft zwischen Arm und Reich sowie die Arbeitslosigkeit zu überwinden. Gemeinsam wollen wir dazu beitragen, dass Migranten und Migrantinnen, Flüchtlinge und Asylsuchende in Europa menschenwürdig aufgenommen werden. ... Wir verpflichten uns, einen Lebensstil weiter zu entwickeln, bei dem wir gegen die Herrschaft von ökonomischen Zwängen und von Konsumzwängen auf verantwortbare und nachhaltige Lebensqualität Wert legen; die kirchlichen Umweltorganisationen und ökumenischen Netzwerke bei ihrer Verantwortung für die Bewahrung der Schöpfung zu unterstützen.»
Ich möchte dafür Sorge tragen, dass in meinem Wirkungsbereich die «Charta oecumenica» bekannt und besprochen wird. Ich möchte daran mitarbeiten, dass in der ökumenischen Zusammenarbeit vor Ort um den Geist gebetet wird, der uns nach dieser Charta handeln lässt.

Sterben und Tod bewältigen

Ich erlebe

Der Umgang mit Abschied, Sterben, mit Tod und mit Toten lässt Menschen einer Macht beggenen, die ihnen über den Kopf und die Seele wächst. Sie suchen Rat, suchen Begleitung, suchen Riten und Gesten. Selbst das hilflos abgeschriebene «Von Beileidskundgebungen am Grab bitten wir Abstand zu nehmen» ist ein armseliger Schrei.

Die Menschen heute teilen diese Erfahrung mit den Menschen aller Zeiten. Wenn wir es richtig deuten, was in alten Gräberfunden sämtlicher Kulturen zu finden ist, was in den am weitesten abgelegenen Schubladen der menschlichen Geschichte ans Tageslicht kommt – es ist Religion. Es ist der Versuch, auf je eigene Weise einen Schlüssel zu dem Geheimnis zu finden, das die Sterne und mein Leben, die Jahreszeiten und mein Sterben, die Sonne, den Fisch, den Grashalm, die Geburt meiner Kinder, die Erdbeben, die Lächerlichkeit meiner Fehler und die Liebe zweier Menschen verbindet. Seit es Menschen gibt suchen sie zumindest nach einem Netz, das sie hält, – und sei es geflochten aus puren Hoffnungen.

Die Menschen aller Kulturen sind überzeugt, Priester, Angehörige geistlicher Berufe könnten ihnen in dieser Not wesentlich helfen. Hätten Kompetenz für die Antwort auf die wesentlichen Sinnfragen des Lebens.

Die Menschen «nehmen wahr»: Angehörige geistlicher Berufe reden am Grab von Auferstehung und von Ewigkeit, von Heimat und Frieden, von Gottes Macht und Jesu Auferweckung. Wir wecken Erwartungen.

Ich lese

Sterben und Tod beschäftigen die Menschen der Bibel seit der «Vertreibung aus dem Paradies». Brudermord, früher Tod, Sterben von Kindern und Sterben von Lebenssatten, Grabsuche, Grabkauf, Begräbnis, Klage und Ritus, gemeinsame Trauer und Auferstehungshoffnung – die Frage, wie Menschen Sterben und Tod bewältigen, zieht sich durch alle biblischen Schriften.
Selbst der Auferstehungsglaube und die Gabe des Heiligen Geistes hindern nicht daran, dass Menschen sorgen und fragen: Was wird mit den Toten? Paulus schreibt:
«Wir wollen euch, liebe Brüder und Schwestern, nicht im Ungewissen lassen über das Schicksal der Verstorbenen; ihr sollt nicht betrübt sein wie die anderen, die keine Hoffnung haben. Wenn wir nämlich glauben, dass Jesus gestorben und auferstanden ist, so wird Gott auch die Verstorbenen durch Jesus mit ihm zusammen heraufführen. Denn dies sagen wir euch aufgrund eines Wortes des Herrn: Wir, die wir leben, die wir bis zum Kommen des Herrn am Leben bleiben, werden den Verstorbenen nichts voraushaben. Denn der Herr selbst wird beim Erschallen des Befehlswortes, bei der Stimme des Erzengels und der Posaune Gottes vom Himmel herabsteigen. Und die, die in Christus gestorben sind, werden zuerst auferstehen, danach werden wir, die wir noch am Leben sind, mit ihnen zusammen hinweggerissen und auf Wolken emporgetragen werden in die Höhe, zur Begegnung mit dem Herrn. Und so werden wir allezeit beim Herrn sein. So tröstet also einander mit diesen Worten.» (1Thess 4,13–18)
Die Gemeinde ist der Ort des Trostes, die Auferstehungspredigt der Inhalt.

Ich frage

Ist es mir wohl bei dem Satz: Die/der Verstorbene ruht in Gottes Hand?
Und was heisst dieser Satz? Habe ich so etwas Ähnliches schon einmal erfahren?
Ist die Auferstehungspredigt von meiner persönlichen Erfahrung gedeckt?
Wie drückt sich in den Gottesdiensten und unserem Gemeindealltag unser Auferstehungsglaube aus?
Wie erfahren Trauernde im Gottesdienst und im Gemeindealltag Trost?
Welche Begleitung und Unterstützung erhalten in Trennung Lebende oder Geschiedene? Haben wir ein Evangelium, wenn Wege sich trennen?

Ich entdecke

Mehr und mehr rückt die Aufgabe an Angehörige geistlicher Berufe heran, Hospizarbeit zu initiieren, zu begleiten und zu beraten.
Gleichzeitig übernehmen Bestatter Beratungs- und Seelsorgeaufgaben, die über Jahrhunderte von kirchlichen Seelsorgern wahrgenommen wurden.
In der Erwachsenenbildung, an Akademien und in Gesprächskreisen der Gemeinden nimmt der Umgang mit Sterben und Tod einen wesentlichen Raum ein. «Kundige» und «Erfahrene» sind gefragt. Dabei ist für die Menschen oft schwer zu unterscheiden, wer wirklich kundig ist. Sterbebegleitung geschieht im Stillen, Kirche hat mit dieser geistlichen und diakonischen Kompetenz eigentlich nie «geworben». Vielleicht ist dies heute nötig?

Ich bete

Um deinen Heiligen Geist
bitte ich dich, Gott,
dass ich Sterbende mit deinem Trost begleite
und Trauernde mit deinem Halt stütze.
Sie sind wichtig,
ich will nur dienen.
Sie haben einen gnädigen Gott,
ich will nur Angst nehmen,
wo Schuld lastet, Vergebung zusprechen
und wo Sprachlosigkeit herrscht,
Brücken bauen.
Lass mich leise begleiten,
unaufdringlich stützen
und wo es gut ist – schweigen.

Ich gehe weiter

Wollen Angehörige geistlicher Berufe nicht ein wesentliches Feld ihrer seelsorgerlichen Arbeit aufgeben, dann müssen sie ihre geistliche Kompetenz in diesem Bereich neu bewusst machen. Das Seelsorgegeheimnis und die menschliche Rücksichtnahme gebieten uns mit Recht Zurückhaltung. Das soll aber nicht bedeuten, dass mehr und mehr Menschen in ihrer Hilflosigkeit und beim Wunsch nach Sterbe- und Trauerbegleitung bei beliebigen Adressen landen. Es bleibt unser Auftrag, im Leben und im Sterben zu trösten, an unserer Hoffnung teilhaben zu lassen, in Fürbitte zur Seite zu stehen, bei den Menschen zu sein, die Auferstehungsbotschaft weiterzugeben, zu segnen, die Beichte zu hören, Vergebung zuzusprechen, Verstorbene zu bestatten und Witwen und Waisen in unserer Mitte Halt zu geben.

Ich möchte die Scheu ablegen, davon zu reden, dass ich als Angehöriger eines geistlichen Berufs eine solide Ausbildung, einen hilfreichen Glauben und eine Trostgemeinschaft habe, deren Geist von der Liebe bestimmt ist und die sich «sehen lassen» kann.

Staunen lernen und üben

Ich erlebe

Eigentlich steht diese Kompetenz ganz zuoberst. Alle Theologie beginnt mit dem Staunen und endet mit Lob, mit Doxologie.
Jeder will eine Sensation, viele suchen den Kitzel. Staunen ist etwas anderes. Staunen ist das, was nur ein Mensch kann. Kann der Mensch nicht mehr staunen, ist er nicht mehr Ebenbild Gottes. Staunen können macht den Menschen zum Menschen. Der Verlust des Staunens macht ihn zum «Un-Menschen».
Ein Mensch darf sagen: Ich staune – also bin ich.
Wenn Kinder und Jugendliche das Staunen verlernt hatten, war jede Zeit an ihr Ende gekommen. «Dekadenz» nennt man den Zustand, in dem Kinder und Jugendliche nicht mehr staunen.
Gottesdienst und Kindergottesdienst sind für mich besondere Orte, in denen des Staunens einigermassen Kundige ihr Wissen und ihre Gaben teilen. Gottesdienste sind prädestiniert als Orte, an denen man gemeinsam wieder staunen lernen kann.

Ich lese

Das deutsche «Staunen» ist kein biblischer Begriff, die Lutherübersetzung kommt fast ohne diesen Terminus aus. Doch: Die ganze Bibel ist voll des Staunens. Ich greife wenige Beispiele heraus:
Staunen über das Schöpfungswerk Gottes im 1. Schöpfungsbericht, das Staunen des Menschen über seine Wertigkeit angesichts der Herrlichkeit Gottes (Ps 8) und über die herrliche Ordnung der Schöpfung (Ps 104); Elihu, der Freund Hiobs, gerät fast ins Schwärmen: «Alle Menschen haben es gesehen, ein jeder kann es von ferne erblicken.» (Hiob 36,25)

Die Jünger und die Menge staunen über die Wunder Jesu (Mt 8,27; 21,20 u. ö.).

Das Pfingstwunder bringt die auf dem Markt versammelte Menge zum Staunen (Apg 2,7).

Die Judenchristen staunen, dass Gott nun auch über Nichtjuden seinen Geist ausgiesst (Apg 10,45).

Selbst am Ende der Zeit wird unter den Gläubigen ein Staunen sein, dass «das Tier» tatsächlich seine Macht verloren hat (Offb 17,8).

Was die Bibel von den ersten bis zu den letzten Sätzen erzählt, ist eine «erstaunliche» Geschichte. Staunen gehört zum Grundbestand des Glaubens, ist vielleicht sogar die Voraussetzung, zumindest ein wichtiger «Einstieg».

Ich frage

Was hat mich im vergangenen Monat erstaunt?
Was war ein Erstaunen wert in der Familie, im Freundeskreis?
Wo lernen und üben die Menschen in unserer Gemeinde einzeln und gemeinsam das Staunen?
Worüber staunt die Gemeinde im Gottesdienst?
Wann und warum vergeht das Staunen?

Ich entdecke

Staunen ist gefragt. Dabei geht es nicht um die Erweiterung des Wissens, es geht um eine Haltung angesichts überraschender Erkenntnis. Es geht um das «Ah!» der Dinge.

In unserer Gemeinde bieten wir jährlich etwa fünf «Da-staunst-du-aber-Gottesdienste» an.[8] Dabei handelt es sich nicht um «Kindergottesdienste», sondern um Gottesdienste für die ganze Familie. Kinder und Erwachsene staunen gemeinsam.

Kinder wissen oft nicht, wo ihre Eltern arbeiten. Wir besuchen den Arbeitsplatz und feiern dort Gottesdienst.
Wichtige Lebensbereiche bleiben den Kindern fremd. Ähnlich wie bei der «Sendung mit der Maus» gehen wir dorthin und staunen.
Das Wesentliche: Wir feiern dort Gottesdienst, singen, beten, erzählen erstaunliche Geschichten von Gott und der Welt. Schliesslich spüren wir, wie unser Staunen den Ort «aufwertet», an dem wir Gottesdienst feiern: Die Apotheke, die Grossbäckerei, die Arztpraxis, die Kunstschmiede, das Grossraumbüro, die Werkshalle waren bisher «profane» Orte. Jetzt wird dort gebetet und von Gott erzählt – erstaunlich. Das spricht sich herum.

Ich bete

Um deinen Heiligen Geist
bitte ich dich, Gott.
Hole mich weg
aus dem Elend der Selbstverständlichkeit.
Führe mich in die Welt der grossen Augen,
der offenen Hände und der weiten Herzen.
Ich möchte staunen können wie ein Kind.
Ich möchte Wunder Wunder nennen können
und in die Hände klatschen vor Freude über deine Liebe.
Um deinen Heiligen Geist bitte ich.
Entzünde ein Feuer des Staunens in mir.

Ich gehe weiter

Ich will die Botschaft der Bibel mit neuen Augen sehen. Will staunen lernen über das Selbstverständliche. Ich möchte den Ps 23, den alle auswendig können, neu buchstabieren mit einem staunenden

Herzen: Was, da ist einer, der sich um mich kümmert?

Ich möchte die Liebestat Gottes, das «Opfer», einmal nicht diskutieren (zerschneiden), sondern erstaunt wahr nehmen: Was, da ist einer, der sein Leben gibt für mich?

Ich möchte die Auferstehungshoffnung einmal nicht relativieren (weder religionswissenschaftlich noch philosophisch), sondern erstaunt hören: Da ist Leben, das gilt über meinen Tod hinaus!

Ich möchte Kindern und Erwachsenen, nicht zuletzt mir selbst, das Staunen ins Lehrbuch schreiben. Wenn Staunen schon nicht in der Schule gelernt wird, dann ganz bestimmt in der Kirche. Angehörige geistlicher Berufe sind prädestiniert, mit anderen das Staunen zu üben. Vorausgesetzt, sie können selbst noch staunen.

Geduld mit Gott

Ich erlebe

Verzweifelte Menschen suchen nach einem rettenden Anker – und finden ihn nicht. Im Terminkalender stehen Arztbesuche, Elterngespräche, Geburtstage und Urlaubstermine. Doch die «Krise» steht nicht im Terminkalender. All das Mächtige, was sie weichspült; all das Unbeeinflussbare, das sie umtreibt; all das Ferne, das plötzlich nahekommt.
Menschen haben längst dem «lieben Gott» gekündigt. Und wenn wir in Gottesdiensten, bei Kasualien oder im Gespräch mit «Gottes Liebe» kommen, dann winken Sie – zumindest innerlich – ab. Fragen nicht mehr nach Liebe, eher nach Gerechtigkeit. Was passiert und in den Medien präsent ist, ist «ungerecht». Die Muskelspiele der Diktatoren, die scheusslichen Kriege, die Erbeben und Überschwemmungen, die fehlende Einsicht der Verantwortlichen. Und wenn Gott, so sagen sie, schon «allmächtig» sein soll, nicht unbedingt nur «lieb», dann aber zumindest «gerecht». Menschen kündigen angesichts des Elends den Glauben. Sie haben die «Geduld mit Gott» (Tomáš Halík[9]) verloren.

Ich lese

Die Austritte aus den Kirchen steigen vehement. Nach Corona haben beide Kirchen noch nicht wieder Fuss gefasst. Missbrauchsfälle und der berechtigte Aufschrei gegen den sexuellen Missbrauch von Kindern und Jugendlichen sind ein wichtiger Grund. Die fast oberflächliche Aufarbeitung, die halbherzige Entschuldigung tun ihr Übriges. Wenn die Menschen den Kirchen den Rücken kehren, sagen sie sich dann auch los von Gott?

Haben nicht längst andere die Geduld mit Gott verloren. Hiob ist wohl das leuchtende Gegenbeispiel. Schon Sara lacht hinter vorgehaltener Hand gegen die göttliche Verheissung eines Sohnes: «Ich in meinem Alter?!» (vgl. Gen 18,12) Die Söhne Jakobs fragen nach der ergebnislosen Reise nach Ägypten: «Was hat Gott uns angetan?» (Gen 42,28). Die Liste liesse sich problemlos über die Psalmen bis ins Neue Testament fortsetzen, in dem sich die kleine Gruppe der Überlebenden allenfalls dadurch tröstet, dass sie nicht ebenso dem Untergang entgegengeht wie die sie verfolgende Mehrheit. Der reiche junge Mann, der Jesus nachfolgen will wie die Jünger, die sich aus dem Staub machen, als es um Jesus ernst wird. Jona, der wie andere Propheten sich wegdrücken will, oder die versammelte Gemeinde mit Petrus und Johannes nach dem Verhör durch den Hohen Rat (Apg 4,23ff.).

Die Theodizeefrage wird (noch) gestellt angesichts verheerender Waldbrände und Überschwemmungen: Warum lässt Gott das zu?

Ich frage

Wie verstehen sich Gottes «Allmacht» zu naturbedingten Erdbeben, menschengemachten Kriegen und der elenden Dürre?
Wann, wenn nicht jetzt, findet der Hunger auf der Welt ein Ende?
Was kann ich als Gottes Eingreifen verstehen?
Wo gehe ich fehl, wenn ich sage: Das ist Gottes Wille?
Wie kann ich unter deutlich veränderten Bedingungen Menschen mit meinem Glauben erreichen?

Ich entdecke

Während ich am Jammern bin, beten zeitgleich «überm Meer» andere in grosser Hoffnung für uns.

Das Lied «Der Tag, mein Gott, ist nun vergangen» (RG 605; EG 266) von Gerhard Valentin tröstet und verbindet die Christen weltweit. Auch für die Ungeduldigen geht die Sonne neu auf.
Als zur «Feier der Stille» freitags in unserer Gemeinde nur ein junger Mann kam, hatte er sich einladen lassen von den Glocken, setzte sich allein in die Kirche und erzählte mir schliesslich von seiner unglücklichen Liebe.

Ich bete

Mich verstören die Bilder, Gott.
Ich bin entsetzt von den vielen Opfern.
Mir fehlt die Ruhe
für einen gelassenen Augenblick,
für ein getrostes Kyrie,
und ein echtes Amen.
Nimm die Hast aus meinen Gedanken,
nimm den Druck von meiner Seele,
ich möchte frei sein für dich,
für dein Wort,
für die Gemeinschaft,
für die Stille.
Ich warte ungeduldig
auf dein Eingreifen.
Es darf mit dem Töten doch nicht so weitergehen.
Bei all dem Elend:
Ich bin zu schwach.
Räume du alles Trennende weg,
schaffe einen gerechten Frieden
und komme auch zu mir.

Ich gehe weiter

Ich will nur Gelegenheiten anbieten, mehr kann ich nicht.
Ich will aufhören, den Einfluss des Evangeliums an Besucherzahlen zu messen.
Ich kann, wenn nur eine Handvoll zusammengekommen sind, meine bedruckten Blätter auch weglegen, Stille zulassen, dankbar erste Sätze hören und einfach da bleiben.
Ich bin, auch wenn ich nichts vorbereitet habe, eine Zeugin, ein Zeuge des Glaubens.
Ich will in meinen Gebeten dem Dank einen breiteren Raum geben als der Klage und der Bitte.

Geduld mit mir selbst

Ich erlebe

Die weit verbreitete Angst, etwas zu verpassen korrespondiert mit dem Angebotswust. Die ebenso verbreitete Erwartungshaltung (an Institutionen, Menschen, Medien usw.) fällt als Erwartungsdruck auf die je Einzelnen zurück.
Oft erlebe ich mich geviertelt. Bin zerrissen in Ansprüche, Grenzen, Erwartungen und Termine. Gelegentlich jagt mich der Terminkalender. Manchmal erlebe ich das pure Gegenteil: Ich bin gar nicht gefragt. Im Grunde sitze ich da und warte, dass jemand etwas von mir will. Nehme ein Buch zur Hand, das Telefon ist in Reichweite. Aber niemand ruft an.
Bei einem guten Freund ist der Terminkalender so voll, dass wir bei einem etwas hektischen Telefonat erst in drei Wochen einen längeren «Termin» finden. Dabei bräuchte ich ihn jetzt.
Der Steuerberater drängt, die Physio-Therapeutin sagt einen Termin ab, am Samstag ist die Trauung und die Enkel wollen mit mir spielen. Jetzt! Dabei waren wir uns in der Familie einig: kein Stress, jedenfalls nicht in der Familie!
Ich fühle mich sogar unaufgefordert gedrängt. Wache aus wirren Träumen mit grundlosen Schuldgefühlen und einem schlechten Gewissen auf. Ob ich mich selbst zu sehr unter Druck setze, keine Geduld mit mir selbst habe? Sage ich zu oft: «Ja, das kann ich machen», ohne mit den unvorhergesehenen Stolpersteinen zu rechnen?
Jedenfalls ist klar: Wer mit sich selbst keine Geduld hat, wird sie auch anderen gegenüber nicht haben. Man kann zur eigenen Geschichte verschlossen und hart sein, wie ein Diamant. Oder porös und durchlässig wie der Muschelkalk.

Ich lese

Geduld haben» heisst im Griechischen *makro thymein*, wörtlich: ein grosses Gemüt, eine grosse Seele haben. Das erinnert mich an Mahatma («Grosse Seele») Gandhi. Diesen Anspruch gibt sich der Mann aus Nazaret weder selbst, noch geben ihn ihm die Evangelisten. Und doch zählt Jesus zu denen, die weltweit in einem Atemzug mit anderen «grossen Seelen» genannt werden.

Ob er Geduld mit sich selbst hatte? Jedenfalls geht er immer mal wieder «auf die Seite», den Mitmenschen «aus dem Weg», sucht die Stille und dort das Gespräch mit Gott (Mt 14,23 u. ö.). Stille heilt Ungeduld.

Wenn du den Weg nach innen gehst, drei, vier oder sieben Stufen, begegnen dir deine Schatten, leuchtet Gott dir in die Seele, öffnen sich Türen und schliessen sich Läden. Du kannst auf Zeit die Hände in den Schoss legen und aufatmen.

Die biblische Zahl 40 kann eine Hilfe sein: Vierzig Tage geht Jesus in die Wüste, 40 Jahre ist Israel unterwegs, 40 Tage regnet es bei der Sintflut, 40 Tage ist Mose auf dem Sinai, Elia wandert 40 Tage bis zum Horeb. 40 Tage dauert es von Ostern bis zu Christi Himmelfahrt. Die Fastenzeiten dauerten 40 Tage.

Ich frage

Wann bin ich ungeduldig mit mir selbst?
Warum bin ich ungeduldig mit mir selbst?
Wie äussert sich meine Ungeduld mit mir selbst?
Lösen äussere Umstände oder Personen die Ungeduld mit mir selbst aus?

Ich entdecke

Da war ein Fischer, der eines Tages sein Boot am Anleger festzurrte und nie mehr zur See fuhr. Es war nicht die Angst vor den Wellen, vor dunklen Wolken. Gefragt, warum er das Meer meide, antwortete er: Weil ich es liebe.
Ein anderer, so erzählt man, habe die Früchte der Kastanien und Eichen gesammelt. Habe geschwiegen, weil keiner ihn fragte. Habe in Zeiten des Elends unbeirrt gepflanzt auf kargen Höhen. Eicheln und Kastanien, handverlesen, habe er in die trockene Erde gelegt zu Zeiten, in denen man Krieg führte. Während der Kriege hätten die Früchte Wurzeln geschlagen. Und nach den Kriegen hätten die Schösslinge Blüten getrieben und Frucht getragen.
Ich klopfe an die Tür des Weisen am Abend. Ich entschuldige mich für die schmutzigen Schuhe. Er hilft mir aus dem Mantel: «Behalten Sie die Schuhe an. Legen Sie Ihre Uhr ab.»

Ich bete

Ich strapaziere deine Geduld, mein Gott.
Ich sage es unfrisiert: Dazu bist du auch da.
Wer sonst sollte mich aushalten, auf Dauer und bei geringer Aussicht auf Erfolg.
Ich bin fahrig, Gott, meine Augen sind unruhig,
meine Gedanken sprunghaft, meine Sinne sind gespannt.
Du gibst meinen Augen eine klare Ausrichtung,
du schenkst meinen Gedanken Worte,
du gibst der Spannung ein Ziel.
Du sagst auch: Es reicht jetzt.
Lege die Hände in den Schoss und nimm die Fahrt heraus aus deinem Leben.
Ich will üben, geduldig zu sein mit meiner Zeit,

zufrieden mit meinen Gaben,
einverstanden mit meinen Grenzen.
Gott, sei geduldig mit mir und hilf mir, geduldig zu sein mit den anderen.

Ich gehe weiter

Es müssen nicht Kathedralen sein oder die Kreuzgänge der Klöster, nicht die weiten Ufer der Ozeane oder die stillen Hochtäler Nepals.
Manchmal genügt es, für eine kurze Zeit den Weg zu verlassen und zu schauen.
Manchmal genügt es, die Augen zu schliessen, die Hände ineinander zu legen und tief zu atmen.
Ich suche meine Zahl 40. Gibt es etwas Vergleichbares, das mich zur «Dauer» anhält und Geduld üben lässt?
Ich will behutsam gehen, langsam. Mindestens fünf Mal am Tag zehn Minuten lang alles im halben Tempo tun: Den Apfel schälen in Zeitlupe, bei einem Unservater jedes einzelne Wort auf der Zunge zergehen lassen; beim (unbeobachteten) Treppensteigen jede Stufe auskosten, wahrnehmen, wo ich stehe, mich jeweils «einfinden» ...
Sprinten ist kein tragfähiges Lebensmodell. Dafür eignet sich eher Joggen oder Gehen. Wer sprintet, überholt die Stille. Ich gedulde mich. Eines Tages stehe ich mit anderen im Licht. Diesen Tag bestimmt Gott.

Meine Angst

Ich erlebe

Ich erlebe die Angst wie jeder die Angst erlebt.
Sie ist undefinierbar oder allumfassend wie deine.
Was Menschen Angst macht, macht auch mir Angst.
Seien es Kriege, die näher rücken.
Fragen, auf die niemand eine Antwort hat oder nur ein Geschwätz.
Sei es der Verzicht auf Fragen, weil ich eh keine stimmige Antwort erwarte.
Doch da sind natürlich, wie bei allen, meine persönlichen Ängste:
Angst, schuldig zu bleiben, das ist wohl eine – zumindest in meiner Generation – verbreitete Angst. Dabei denke ich zuerst einmal nicht an die dienstlichen Versäumnisse. Ich denke an die Familie.
Angst, mir zu viel «aufgehalst» zu haben.
Angst, an überbordenden Erwartungen zu scheitern.
Angst, nach meinen Liebsten zu sterben.
Angst, trotz aller Bemühungen und Vertiefungen Gott zu verfehlen.
Angst, Wesentliches zu vergessen.
Angst, von meinen Liebsten, vor allem von meiner Frau, nicht (mehr) verstanden zu werden.
Dazu kommt die Angst vor der nächsten Schmerzphase; die Angst, dass die Ohren einem mir wichtigen Miteinander nicht mehr gewachsen sind oder die Schmerzen mich vor die Alternative stellen: Absagen oder Leiden.
Angst vor überwältigendem Zweifel. Ich habe einmal im Traum eine abgründige, entsetzliche, dunkle «Leere» erlebt. Das war mein schlimmster Traum.
Ich habe Höhenangst und bin auf allen Vieren gekrochen im Wallis und im Dachstein. Meine Frau hat mich gehalten. Unseren Jungs ging es nicht besser.

Ist das nicht eine Angst, vielleicht nur eine «Sorge» aller, die im Dienst der Kirche stehen, dass wir mit unserer Hoffnung Menschen nur vertröstet haben und am Ende bloss Munchs entsetzlicher, vereinsamender «Schrei» bleibt?
Ich stehe mitten auf der Kreuzung, alle Ampeln haben Grün, von allen Seiten. Zieh mich aus dem Verkehr. Gott.
Ich habe im Übrigen, das wird anderen auch so gehen, keine «Angst vor dem Tod». Wenn in diesem Zusammenhang Angst da ist, dann zu «unpassender Zeit zu sterben»: «Adieu Curé, ich sterbe nun – Es ist schwer, wenn man im Frühling stirbt, du weißt!», so nimmt Klaus Hofmann ein Lied von Jacques Brel auf.[10]
Ja, auch ich möchte nicht im Frühling sterben.

Ich lese

Die von Gott berufenen Propheten reagieren zum Teil zurückhaltend, ängstlich.
Mose fürchtet, dass niemand ihm glaubt. In einem ausführlichen Hin und Her der Argumente (Ex 3,1–4,17) nennt er als letztes Argument: «Herr, ich bin kein Mann von Worten. Ich war es früher nicht und bin es auch nicht, seit du zu deinem Diener redest; schwerfällig sind mein Mund und meine Zunge.»
Jona flieht vor dem Auftrag Gottes: «Jona aber machte sich auf, um vor dem HERRN nach Tarschisch zu fliehen. Und er ging hinab nach Jafo und fand ein Schiff, das nach Tarschisch fuhr. Und er zahlte sein Fährgeld und stieg hinab in das Schiff, um mit ihnen nach Tarschisch zu fahren, weg vom HERRN. (Jona 1,3)
Jeremia verweist auf seine Jugend: «Und ich sprach: Ach, Herr, HERR, sieh, ich weiss nicht, wie man redet, ich bin ja noch jung!» (Jer 1,6)
So gibt es Zeiten der Angst bei David (2Sam 24,14) oder bei Petrus (Mt 14,30). Auch Jesus selbst wird mutlos: «Da kommt Jesus mit ihnen an einen Ort namens Getsemani und sagt zu den Jüngern:

Bleibt hier sitzen, solange ich weg bin und dort bete. Und er nahm Petrus und die zwei Söhne des Zebedäus mit sich, und er wurde immer trauriger und mutloser. Da sagt er zu ihnen: Meine Seele ist zu Tode betrübt, bleibt hier und wacht mit mir.» (Mt 26,26–38)

Ich frage

Was hat es mit der «Angst» auf sich?
Fritz Riemann unterscheidet vier Formen der Angst: Angst vor der Hingabe (die schizoiden Persönlichkeiten), die Angst vor der Selbstwerdung (die depressiven Persönlichkeiten), die Angst vor Veränderung (die zwanghaften Persönlichkeiten) sowie die Angst vor der Notwendigkeit (die hysterischen Persönlichkeiten).
Nun weiss ich, dass Angst mich schützt, dass ich in meiner Angst nicht alleine bin.
George Bernanos beschreibt schon früh unsere heutige Wirklichkeit in seinem «Tagebuch eines Landpfarrers»[11]. Er beschreibt eine von oben her ermüdete und unten sterbende Kirche und Gemeinde: «Nun habe ich schon seit Wochen nicht mehr gebetet. Ich konnte nicht mehr beten. Ich konnte nicht mehr? Wer kann das wissen? Diese Gnade der Gnaden muss wie jede andere verdient werden, ich aber verdiente sie nicht mehr. Gott hatte sich von mir abgewandt, dessen wenigstens bin ich gewiss. Seither war ich gar nichts mehr, und dies Geheimnis habe ich für mich bewahrt! Noch mehr: ich machte mir einen besondern Ruhm daraus, dass ich dieses Schweigen wahrte, ich fand es schön, heldenhaft. Ich habe zwar versucht, den Pfarrer von Torcy zu besuchen. Aber ich hätte mich meinem Obern, dem Dekan von Blangermont, zu Füßen werfen und ihm sagen müssen: ‹Ich bin nicht mehr imstande, eine Pfarre zu leiten, ich habe dazu weder Klugheit, noch Urteil, noch gesunden Menschenverstand genug, und auch nicht die wahre Demut. Noch vor wenigen Tagen erlaubte ich mir, über Sie ein Urteil zu fällen, fast

verachtete ich Sie. Gott hat mich gestraft. Schicken Sie mich zurück in mein Seminar, ich bin eine Gefahr für die Seelen!»»[12]

Muss aber nicht die gelingende Auseinandersetzung mit der Angst sozusagen «mehrheitsfähig» sein? Vielleicht ein falscher Begriff. Aber ich meine die «Communio fratrum et sororum» (Gemeinschaft der Brüder und Schwestern), ja, sogar die «unitas» (deren Einheit»)?

Der eine scheint der Angst so zu begegnen, die andere anders. Selten finden sich Hände. Noch seltener finden sich Seelen. Und noch seltener scheinen sich gemeinsame Wege zu finden, die «lösen».

Ich entdecke

«Hatten Sie denn keine Angst im KZ? Sie wussten ja nicht, was mit Ihnen geschieht?»

Da stand der Schüler S., erst zaghaft fragend, dann fast kopfschüttelnd vor dem greisen Mann, dem noch zwei oder drei Jahre bis zum 90. Geburtstag fehlten. Martin Niemöller – im Religionsunterricht hatten sie seine Biografie zu studieren, im Abitur seine Geschichte wiederzugeben. Wir hatten ihn zu einem Gespräch mit den Oberstufenschülern nach Weinheim eingeladen.

«Ja, weiss ich denn überhaupt je, was mit mir geschieht? Bei uns zu Hause war es noch üblich, dass – wenn einer mit der Strassenbahn in die Stadt fuhr, dass er sich verabschiedete.»

Zwei Welten. Der fast neunzigjährige Pfarrer, Kirchenpräsident, Weltkirchenrat und 8 Jahre der «persönliche Gefangene des Führers». Und unsere Schüler.

«Das ist doch eine dauernde, mögliche körperliche Bedrohung. Ja, hatten Sie da denn keine Angst?»

Die Schüler verstehen den greisen Mann nicht. Er fährt fort:

«Ja, also, ich bin auf Angst in meinem Leben selten ansprechbar gewesen. Und zwar hängt das mit meinem Glauben zusammen.

Ich erinnere mich an meine Kindheit und Jugend. Ich trauerte um meinen älteren Bruder. Sein Tod ist mir sehr zu Herzen gegangen. Meine Mutter fand mich eines Tages oben auf dem Balken unseres Hauses auf ner Leiter und fragte: Sag', Junge, was machste da? Und ich sagte: Ich wollte zu Heini rauf. Also, das war so die Vorstellungswelt, in der man lebte, und in der man keine Angst hatte. Also, ich weiss nicht, wo ich mal Angst gehabt habe.»[13]

Ich bete

Leuchte mir einen Weg.
Zeige mir deine Furt.
Gib mir eine Handbreit Stand.
Löse mich von der Angst.
Ich möchte freihändig leben.
Ich möchte aufrecht gehen,
Gott.

Ich gehe weiter

«Angst hat den Sinn, unser Interesse, unsere Phantasie für Alternativen zu wecken.»[14]
Schon früh war mir klar, dass ich «auf Umwegen» unterwegs bin.
Ich weiss, dass die anderen auch «nur» auf Umwegen unterwegs sind.
Ich spüre: Die «Herzlosigkeit» der «Geschwister» hindert. Sie öffnen nicht das Herz für die andere, den anderen. Sie tragen ihr eigenes Herz vor sich her, als sei es ihr Schild, nicht eine Einladung. Sie tragen ihr Wissen vor sich her, als sei es ihr «Eigenes», nicht eine Einladung zum Austausch. Sie brennen nicht für das «Miteinander». Sie wuchten ihre «Erfahrung», ihren «Glauben», ihre «Zwei-

fel», ihr «Wissen» und ihre «Angst» vor sich auf den Altar wie einst Kain und Abel das je Ihre. Das müssen wir überwinden.

Ich lade ein zu einem monatlichen Gebet der nächsten Kolleginnen und Kollegen.

Ich besuche – wenn möglich – Gottesdienste der nächsten Predigerinnen und Prediger, lade sie danach zu einem Tee, zu einem Kaffee, zum Austausch ein: Wie ist es dir ergangen? Hast du dich verstanden gefühlt? Macht dir die leere Kirche oder die volle Kirche eher «Angst»?

Ich bete für die anderen. Ich bete kontinuierlich.

Ich spreche im Pfarrkonvent «meine Angst» an.

Ich spreche bei der Fortbildung «meine Angst» an, mit der Frage: Ist das auch deine?

Ich suche das Gespräch, die – dem/der anderen jeweils – tiefst mögliche Kommunikation.

Deine Angst

Ich erlebe

Du erlebst die Angst, wie ich sie auch erlebe.
Du erlebst die Angst, die mir fremd ist. Das trennt uns.
Ich habe eine 90-jährige Frau erlebt, unverheiratet, die mich als Seelsorger zu sich rief in ihren Ängsten. Wie näherten uns einander. Sie sprach von «Sünde», ich von «Vergebung». Sie beichtete, dass Sie als 17-Jährige einen anderen Mann geküsst habe. Mehr war – nach 90 Jahren – nicht zu beichten. Für uns Nachgeborene unvorstellbar. Ein fast skurriles Erleben aus meiner Seelsorge. Ich konnte nicht sagen: Mein Gott, no problem!
Nicht anders: Du hast Angst vor einer Krebserkrankung – auch wenn du keine Diagnose hast.
Du hast Angst vor einer Scheidung, auch wenn es dafür keine Anzeichen gibt.
Du hast auch ganz reale Ängste:
Du gehst ungern ins Dunkle. Du lässt dich ungern anfassen. Du zitterst vor Prüfungen. Du besuchst immer den gleichen Urlaubsort. Du schläfst nicht bei offener Tür. Du ekelst dich vor Spinnen. Du schaust immer mal wieder in dein Horoskop in der Zeitung. Du hast Angst, allein zu sein. Du hast Angst, dass deine Leistung nicht genügt. Du hast Angst, dass man dich nicht mag. Du grübelst an deinem Aussehen, an deinen Sprachfehlern, an deiner Bildung. Du legst das Telefon schon nach drei Freizeichen auf. Du gibst zu schnell nach. Du gibst zu schnell auf.
Du hast Angst, die Nachrichten zu schauen: Nur Kriege. Nur Elend. Nur Katastrophen. Du erträgst Katastrophen nicht mehr. Du möchtest nichts mehr hören und sehen. Nur leben.
Du hast Angst, zu früh zu sterben?
Du sprichst nicht über deine Ängste.
Ist das deine Angst?

Ich lese

Erich Fried schreibt:

«Zweifle nicht an dem
der dir sagt
er hat Angst
aber hab Angst vor dem
der dir sagt
er kennt keinen Zweifel.»[15]

«Angst ist ein Phänomen, das den Körper ergreift und selbst körperlich ist. Dies lässt sich durch zahlreiche Sprachbilder belegen, so wenn wir davon sprechen, «dass die Angst unser Herz schneller schlagen oder gar aussetzen lässt, dass die Knie weich werden und der Schritt versagt, der Puls zu jagen beginnt, die Haare sich sträuben, Kälte uns befällt und über den Rücken jagt und doch zugleich der Schweiss ausbricht, der Atem stockt oder im Gegenteil heftig anschwillt, ringend mit dem abschnürenden Gefühl im Hals, das Kopf und Körper zu trennen droht, die Augen aufgerissen werden und die Pupillen sich schreckhaft weiten, die Glieder schlottern oder sich krampfartig verspannen»[16].

Die Ängste, die wir empfinden, sind von unmittelbarer leiblicher Präsenz und zugleich kulturell vermittelt.

Auch in den Individualpsalmen wird die Angst des Beters als körperliche Deformation geschildert und bis zur Auflösung der Person gesteigert. Die Semantik der Auflösung, des Zerfliessens und Zerbrechens einerseits und des Verdorrens, Verwelkens und Vertrocknens andererseits ist typisch für die Angstbilder biblischer und nachbiblischer Individualpsalmen. Die Metaphern, die hier verwendet werden, sind sprachliche Zeichen, die den Zusammenhang zwischen dem menschlichen Körper und natürlichen Elementen – wie Wasser («zerfliessen») und Staub («vertrocknen») – herstellen. Der biblische *locus classicus* dafür ist die Ich-Klage von Ps 22,15, die die Verzagtheit des Beters zunächst durch die Sprachbilder vom «Zerfliessen des Herzens» und vom «Lockerwerden der Glieder» veranschaulicht: «Wie Wasser bin ich hingeschüttet, und gelöst haben sich alle meine Gebeine, geworden ist mein Herz wie Wachs, zerflossen inmitten meiner Eingeweide.»[17]

«In die Enge getrieben werdet ihr nicht bei uns, in die Enge getrieben werdet ihr in eurem Inneren. Gebt uns, was wir euch geben – wie zu Kindern rede ich –: Macht auch ihr eure Herzen weit!» (2Kor 6,13)

Ich frage

Ich frage: Wie kann ich als Seelsorgerin, als Seelsorger meinen «Gemeindegliedern» in ihrer Angst beistehen. Kann ich sie ihnen nehmen? Kann ich ihre Angst zu meiner machen? Was kann ich im Gebet lösen, was nicht? Was braucht Zuspruch, was braucht Verneinung? Wie äussere ich «Zuspruch» so, dass er den Menschen erreicht? Und wie äussere ich «Kritik» so, dass sie mein Gegenüber nicht «in die Ecke stellt»?

Wie gehe ich dabei mit meinen Ängsten um?
Hilft meine körperliche Nähe?
Hilft mein Schweigen?
Hilft mein Gebet?
Wie kann ich dazu beitragen, die Herzen zu weiten?

Ich entdecke

Ich muss nicht die Angst nehmen. Ich muss sie begleiten.
Ich muss nicht das Sterben verhindern. Ich darf es begleiten.
Ich muss noch lösen. Ich kann Knoten benennen und Lösungen beschreiben.

Ich kann nicht Krankheiten heilen. Ich kann Kranke begleiten.
Menschen ängstigt die vermeintliche Allmacht derer, denen sie sich
anvertraut haben. Und die Ohnmacht, sich dagegen zu wehren.
Arroganz und Belanglosigkeit zerstören jede Seelsorge.

Ich bete

Treuer Gott,
früher war alles leichter.
Es gelingt nicht mehr,
was einmal gelungen ist.
Lass mich nicht verzweifeln an mir selbst.
Lass mich nicht zweifeln an deiner Gnade.
Lass mich ihre Umwege verstehen.
Lass mich mit meinen Schwächen dienen.
Gib mir ihre Handynummer,
den Schlüssel zu ihren Ängsten
und ein Wörterbuch für die Sprache ihrer Seele.
Nimm mich auf in ihre WhatsApp-Gruppe,
lass uns einander auf Instagram folgen.
Ja, auch ich möchte geliked werden.
Mehr noch, ich möchte, dass sie mich verstehen.

Ich gehe weiter

Ich weiss es nicht.
Ich kann nicht.
Ich muss ehrlich sagen, was ich kann:
Ich kann beten.
Ich kann biblische Texte hilfreich in Erinnerung rufen.
Ich kann nicht heilen.

Ich kann nicht lösen.
Ich kann umarmen, begleiten.
Hörend, schweigend, erzählend begleiten.
Und zu einem offenen Glauben einladen.
Mehr muss nicht sein.
Aber das Wenige will ich nicht mehr schuldig bleiben.

Ich darf scheitern

Ich erlebe

Fussballvereine steigen ab. Schülerinnen und Schüler müssen ein Schuljahr wiederholen. Ein 30-Jähriger fällt durch die Führerscheinprüfung. Ein Ehepaar erhält die Wohnung nicht zur Miete, die ihnen so sehr zugesagt hat. Bei anderen trennen sich die Wege. Beim «Elfmeterschiessen» ist es tragisch, den Ball neben oder übers Tor zu schiessen. Urlaubspläne scheitern am Geld. Der Student scheitert am Numerus clausus. Die Realschulabsolventin scheitert beim Bewerbungsgespräch.

Auch Menschen in geistlichen Berufen kennen das Scheitern: Ein Seelsorgegespräch verläuft unbefriedigend. Der Gottesdienst, mit viel Aufwand vorbereitet, ist schlecht besucht. Gebete werden nicht erhört. Die Bewerbung auf eine attraktivere Pfarrstelle scheitert. Der Rechner stürzt ab, wichtige Daten gehen verloren. Termine werden vergessen. Vorhaben scheitern, weil Mitarbeitende ganz andere Vorstellungen haben. Die Erwartungen sind zu hoch. Mehr und mehr Menschen treten aus der Kirche aus.

Menschen ist das Scheitern in die Wiege gelegt.

Ich lese

Elia sieht sein Lebenswerk scheitern und will sterben (1Kön 19).
Mose darf das «gelobte Land» nach 40 Jahren Wüste nicht sehen (Dtn 34).
Petrus scheitert beim Versuch, über das offene Wasser zu gehen (Mt 14,29). Die Jünger scheitern beim Versuch, einen Kranken zu heilen (Mt 17,16).
Petrus scheitert daran, sein Versprechen zu halten (Mt 26,34f.;69ff.).

Die Jünger scheitern bei ihrem Versuch, mit Jesus im Garten zu wachen (Mt 26,40).
Der reiche junge Mann kann sich von seinem Besitz nicht trennen (Mt 19,20).
Paulus hat grosse Probleme mit Gemeindemitliedern in Korinth, muss sich in Ephesus von Zuhörern seiner Predigt trennen.
Doch ein Sprichwort sagt: Wenn der Mensch eine Tür schliesst, öffnet Gott ein Fenster.

Ich frage

Welche meiner Pläne sind gescheitert?
Welches Vorhaben war zu ambitioniert?
Welche Fehler habe ich gemacht?
Ist ein zweiter Versuch verheissungsvoll?
Und wenn ja, was muss ich anders machen oder was muss ich lassen?
Wer kann mich unterstützen?
Welche Vorhaben muss ich ganz aufgeben?
Wen habe ich durch mein Scheitern enttäuscht?

Ich entdecke

Ich kam beim Marathon an. Auch mit 4 Stunden und 15 Minuten erhielt ich eine Medaille. Wenn das im «Breitensport» geht, geht es erst recht bei Gott.
Ich höre und lese immer häufiger von der «zweiten Chance». Selbst in Krimis.
Scheitern ist normal. Und was normal ist, ist nicht ausserhalb der Norm.
Die Normen sind oft das Problem: Beim Zeittakt am Band, beim Zustellen von Briefen und Paketen, beim Verbrauch von Energie,

beim Spendenaufkommen, bei «Start-ups». Vielleicht bin nicht ich das Problem?
Gescheiterte sind empathischer – und damit sympathischer.
Gescheiterte haben ein Gefühl für Ohnmacht.
Gescheiterte sind nicht so verbohrt wie Erfolgreiche.
Jesus galt für seine Zeit als gescheitert.

Ich bete

In der Aufgeregtheit der Nachrichten und Sondersendungen
lass mich gelassen bleiben: Dein Wille geschehe, Gott.
In der Not der Hilflosigkeit, in der Schwäche meiner Worte und Taten
lass mich gelassen bleiben: Dein Wille geschehe, Gott.
Du bist Gott.
Kein Leben ist vertan.
Kein Mensch ist verloren.
Voll Vertrauen bitte ich dich:
Schenke mir den Mut zur Gelassenheit,
dass ich auch nach meinem Scheitern getrost glauben
und beherzt handeln kann.

Ich gehe weiter

Ich nehme Kontakt auf zu Selbsthilfegruppen. Sie haben Erfahrung mit Scheiternden. Von ihnen kann ich lernen.
Ich suche Kontakt zu anderen in meinem Beruf. In der Gruppe fällt es leichter, von eigenen Frustrationen zu erzählen.
In Gruppen fällt es leichter, die Gaben Einzelner fruchtbar zu machen.
Ich muss nicht alles können.
Ich muss nicht müssen.
Ich darf.

Einsicht in Grenzen

Ich erlebe

Es sagt sich so leicht, dass Gläubige glücklicher leben, ehrlicher und schonender. Doch auch das Tun des Gläubigen hat seine Grenzen. Nun will ich nicht alles auf die Ewigkeit verschieben. Sie hat ihren Ort und sie wird manchen Knoten lösen. Doch noch sind und leben wir hier. In den Machtkämpfen, Umwegen und «Verdienstspannen» unserer Tage.
Es war – jenseits von Eden – noch nie einfach und gut, zu leben. Es war immer ein Kampf bis aufs Blut. Ich habe meinen Anteil daran auch heute. Selbst vegan oder frugan ist es ein «Verhängnis» aus Säen und Ernten, Kaufen und Verkaufen, Haben und Sein mit all seinen Grenzen. Ich will das nicht. Und kann mich doch nicht wehren. Kann allenfalls noch Schlimmeres durch Verzicht vermeiden. Wenn ich ehrlich bin, stosse ich mit meinem tiefen Willen nach Veränderung an Grenzen, die ich nicht überwinden kann.

Ich lese

In Ps 8 lese ich (Übertragung Gerhard Engelsberger):

Gott, ewigweise Macht, wie strahlt dein Name in aller Welt!
Auf die Himmel hast du deinen Glanz gelegt.
Kinderworte werden zu Mauern, denen, die nach dem Leben trachten,
Säuglingsrufe zu Burgen allen, die Leben bedrohen.
Meinem Staunen fehlen die Worte:
Ich sehe die Weite der Himmel:
Die Sonne, der Mond, die Gestirne,
– alles dein Werk.

Wo ist mein Platz in dieser Weite?
Warum beugst du dich zu mir?
Was ist dein Sinn für des Menschen Leben?
Nah am Herzen Gottes leben wir, an seiner Fülle haben wir teil,
sein Glanz fällt auf uns, als seien wir Wesen der Himmel.
Deine Schöpfung ist uns anvertraut.
Den Weg hast du uns bereitet.
Macht hast du uns überlassen.
Schafe, Rinder, Tiere der Wildnis, Vögel des Himmels, Fische des Meeres –
Alles, was Erdenbahnen, Himmelswege und Wasserstrassen durchzieht
ist anvertraut unserer schwachen Hand,
dem kleinen Kind,
dem hinfälligen Menschen.
Gott, ewigweise Macht, wie strahlt dein Name in aller Welt!

Ich frage

Warum hat der Mensch keine Ewigkeit?
Warum ist der Mensch ein «hinfälliges Wesen»?
Nur, damit knapp vor dem Verlust der Macht Gott der «Mächtige» bleibt?
Welche Tiere sind vom Erdboden unwiderrufbar verschwunden?
Welche Pflanzen gibt es einfach nicht mehr?
Das ist weiss Gott nicht allein die Schuld des Menschen – es ist der Gang der Evolution. Auch wenn andere meutern gegen diese Einsicht: Auch dem Menschen ist ein Ende beschieden. Er kann religiös, im Streit oder in übertriebenem Gehorsam gegen diese Einsicht rebellieren.
Der Stern, der uns Licht spendet, der Planet, auf dem wir leben, das Sein, das wir als «normal» empfinden, wird sich verabschieden.

Auch wir werden vergehen.
Wozu die «schwarzen Löcher»?
Nichts, das auf Dauer und Ewigkeit bleibt.
Warum bleibt nichts?

Ich entdecke

Ich verstehe: Stillstand bedeutet Tod.
Ich verstehe: Entwicklung ist lebensnotwendig.
Ich verstehe, Leben heisst nicht «Sein und Bleiben», sondern «Werden».
Und doch verspricht mir die Bibel, dass ich in diesem Kommen und Gehen erkannt, geliebt, behütet bin.
Es bleibt eine Frage über mich. Gott fragt nach mir.
Ich kann und will nicht ewig leben, will heute nur geachtet werden.
Wer bin ich?
Ich kann und will nicht bleiben. Den Enkeln vielleicht, denen, die mir wichtig waren, vielleicht. Aber eines Tages gibt es keine Erinnerung mehr. Nur Ahnenforschung, Genealogie. Mir wird es so gehen wie Abraham, Mose, Mirjam und den vielen Namenlosen. Wir hatten unsere Zeit, wie sie. Und die sollten wir nicht vertun.

Ich bete

Du hast uns eine Zeit geschenkt.
Ein Mass an Tagen, eine Fülle an Stunden,
eine Ewigkeit an Augenblicken.
Du hast uns Zeit geschenkt, Herr.
Ein Kyrie den verpassten Chancen.
Ein Eleison den leer Ausgegangenen.
Ein Gloria den Erfolgreichen.
Du änderst die Vorzeichen:

Ein Gloria den neuen Möglichkeiten.
Ein Eleison den vagen Hoffnungen
Und ein Kyrie den Fertigen.
Du hast uns Zeit geschenkt.
Lehre uns, in Grenzen zu leben.
Schenke uns ein heilendes Mass.
Lass uns bleiben in deiner heilenden Erinnerung.

Ich gehe weiter

Ich kann eigentlich nicht weiter gehen, als Gott mich gedacht hat.
Kann mich nicht strecken nach Ewigkeiten und Unvergessenheit,
Sie werden sich erinnern.
Sie werden mich eines Tages bestatten.
Sie werden sachliche Worte und liebe Zeichen auf den Grabstein anbringen lassen.
Eines Tages werden sie mein Grab freimachen für andere.
Früher stellte man die Gebeine aus in einem Ossarium.
Wir stehen stumm vor den Gebeinen aus alter Zeit.
Morgen schon bin ich bei Gott.
Morgen schon bin ich nicht mehr der Alte.
Morgen schon bin ich von Gott gefragt.
Bin nah bei Meinen.
Bin fern den Meinen.
Bin angekommen.

Weitsichtiges Christsein

Ich erlebe

Spinner haben Visionen. Hier zählen die Fakten.
Sprüche, die man gelegentlich hört oder liest.
Zugegeben: Zurzeit sehen die Visionen der Weitsichtigen eher dunkel aus. Es sei schon fünf Minuten nach Zwölf, die Erde mit all ihren wunderbaren Pflanzen und Lebewesen sei «so» nicht mehr zu retten. Die Masse an Hungerflüchtlingen und Migranten sei nicht mehr zu schaffen.
Prophetinnen und Propheten haben ähnlich gewarnt. Berufen, so sagt es die Bibel, von Gott. Weitsichtige heute machen eher Angst, drängen zu Verzicht, Umdenken und Transparenz.
Es ist irgendeine Landtagswahl in Deutschland: Ich lese beim Vorbeifahren Wahlplakate. Mal nur mit einem Gesicht und dem Namen. «‹Burkas?› Wir stehen auf Bikinis!» lese ich bei einer rechtsnationalen Partei. Oder «Islamfreie Schulen», oder «Wir heizen, wie wir woll'n», oder «Autofahren, wie wir es wollen» oder «Kulturlandschaft statt Windparks».
Selbst, wenn da eines Tages steht «Bibel statt Koran» (die «Bhagavad Gita» ist wahrscheinlich noch zu fremd, Tora und Talmud haben sie wohl noch nicht auf dem Schirm ...), oder wenn sie gar den Koran verbrennen – das alles ist nicht Weitsicht sondern Angst, Machtgehabe und purer nationaler Egoismus, der zudem noch kurzsichtig ist.

Ich lese

Wie könnte ein weitsichtiges Christentum aussehen?
Begonnen beim nicht ausbeutend zu verstehenden Schöpfungsauf-

trag bis hin zu einer Freundschaft zwischen Mensch und Mensch. Diese Weitsicht scheint heute ferner als der Friede zwischen Mensch und Tier (Jes 65).

«Helmut Thielicke sah sich und uns mit leeren Händen vor Gott stehen, aber er lebte aus der Hoffnung auf die weit geöffneten Türen des Elternhauses. So beendet er seine Autobiographie mit den Sätzen: ‹Das Land, in das wir gerufen werden, ist eine Terra incognita, ein unbekanntes, ja unvorstellbares Land. Nur eine Stimme gibt es, die wir wiedererkennen werden, weil sie uns hier schon vertraut war: die Stimme des guten Hirten.›»[18]

Ein weitsichtiges Christentum müsste:
- ohne Vorbehalte ehrlich sein,
- ohne Vorwürfe bereit sein zum Verzicht,
- ohne Ausnahme lebenswertes Leben erhalten (Albert Schweitzers Ethos),
- der Bergpredigt folgen, soweit es ohne Schaden Dritter möglich ist.

In meinem Text für ein «Schöpfungsoratorium der Weltreligionen» für die Weltausstellung 2000 in Hannover habe ich geschrieben:

«Unter unsern Schritten stöhnt das Moos,
klagt der Halm und die Felder liegen schwach.
Müde bricht der Ast und der Strom fliesst atemlos.
Hagelsturm durchschlägt ein junges Dach.
Unter unsern Blicken schmilzt das Eis,
glüht der Berg und die Wälder brennen weit.
Gierig greift die Hand und sie fragt nicht nach dem Preis.
Aschenschnee fällt schweigend auf die Zeit.

Unter unserm Wissen weicht der Stein,
frisst sich Fragenflut durch jeden Rest von Scham.
Wüsten tragen schwarz und die Wolken leiden Pein,
Schöpfung hinter Gittern, stumm und lahm.»[19]

Keiner von uns hat die Wahrheit für sich. Er und sie haben die Wahrheit, wenn es denn Wahrheit ist, immer für andere. Vielleicht ist das eine derzeit gültige Antwort auf die Frage: Wie weit können wir sehen?

Ich frage

Wer sieht heute noch weiter als über seinen Tellerrand?
Wer sieht heute noch weiter als über die Nachrichten des gestrigen Tages?
Wer sieht heute noch weiter als über die Chancen seiner Firma?
Wer sieht heute noch über die Grenzen seines Landes?
Wer sieht heute noch über die Grenzen seines Wissens?
Wer sieht heute noch über die Grenzen seines Lebens?
Wer sieht heute noch über die Grenzen seines Glaubens?
Und: Wenn sie/er sieht: Welche Konsequenzen hat das für ihr/sein Tun?

Ich entdecke

Alechandro war alt geworden, hatte die Fülle des Lebens ebenso erlebt wie die Not. Nun wohnte er für seine letzten Jahre in einer einfachen Hütte am Meer, fernab von den bevölkerten Stränden mit ihrem Lärm, der die Ohren beleidigt, und fernab von dem Getriebe, das die Seele ermüdet. Er lebte von dem, was das Meer ihm schenkte, was in seinem kleinen Garten wuchs. Ich hatte zufällig den Weg zu seiner Hütte gefunden. Wir kamen ins Gespräch und er erzählte:
«Als ich ein Kind war, sagte man über mich: ‹Das ist Alechandro, der Sohn des Austernfischers Alvarez. Ganz der Vater.›
Als ich ein großer Junge war, sagte man: ‹Das ist Alechandro, er lernt bei Enrice an der Werft unten am Hafen. Kann mit Holz umgehen

wie sein Großvater, der vor dem Krieg alle Fischerboote baute, die aus unserem Hafen liefen.›

Als ich erwachsen war, sagten sie: ‹Das ist Alechandro, der Mann von Maria, die vor der Kathedrale Madre de Dios auf dem Markt den herrlichen Blumenstand hat. Sein Vater war Austernschiffer. Er ist damals bei dem großen Sturm auf See geblieben.›

Eines Tages sagte ich mir: Ein Mensch muss doch einmal herausfinden, wer er selbst ist. Also bin ich hierher gegangen, um Alechandro zu suchen.»

«Und?»

«Er ist so scheu. Wir brauchen Geduld miteinander. Kommen Sie nächstes Jahr wieder, meint er, vielleicht dass ich ihn dann besser kenne.»[20]

Ich bete

Gott, zärtlich und schonend bist du.
Du achtest das Schwache nicht gering
und übersiehst nicht die am Rand.
Klar ist deine Weisung.
Dein Wort hat Gewicht.
Dein Wille ist unmissverständlich:
Auch wir sollen das Schwache nicht gering achten,
die Wegränder absuchen nach Langsamen,
nach Verletzten, nach Übergangenen.
Schärfe unsre Sinne.
Orientiere unser Gewissen
am Einklang mit deinem Willen.
Schenke uns Achtsamkeit für Wunden und Wunder.

Ich gehe weiter

Ich will bei der Wahrheit bleiben.
Ich will mich keiner Ungerechtigkeit beugen.
Ich will frei sein von Furcht.
Ich will keine Gewalt anwenden.
Ich will schützen und bewahren.
Ich will guten Willens sein gegen Jedermann.
Ich will bleiben, wenn andere davonlaufen.

Nachsichtig leben

Ich erlebe

Ich sammle Mineralien. Staune über die Vielfalt, gelegentlich über die Härte. Mir ist der Muschelkalk näher als der Granit. Die Durchlässigkeit für Liebe zum Nächsten und zu Fremden. Durchlässigkeit für Nachsicht.
Was bleibt, was wird, was kommt mit den Jahren?
Wir werden sehen. Wenn uns das Sehen geschenkt ist.
Diese Einsicht, diese Weitsicht, diese Nachsicht wünsche ich uns.
Damit wir die Wahrheit von Weitem sehen. Keiner hat die Wahrheit gepachtet. Wir können sie aber von Weitem sehen. Mehr geht nicht.
Und wenn wir unser eigenes Leben «rückwärts» betrachten, überwiegt neben Dankbarkeit für überstandene Umwege, Kreise und Irrungen die Bitte um Nachsicht.
Ich war nicht immer die/der, die/der ich hätte sein können.
Es ist falsch, den eigenen Möglichkeiten nachzuhängen.
Es ist falsch, die eigenen Umwege zu betrauern.
Was war, das war ich.
Was ich verpasst habe, das habe ich verpasst.
Was gelungen ist: Ich war daran beteiligt.

Ich lese

Wenn du zwölf gute Erinnerungen hast, dann bist du ein glücklicher Mensch. Meint ein Sprichwort.
Ich versuche, die Möglichkeiten durchzuzählen:
Sie hat nicht geschimpft, als ich die Vase zerdeppert habe.
Man hat mich nicht in die Ecke gestellt, als ich dazwischenredete ...
«Noch bevor ich geboren war, sahen mich deine Augen, in deinem Buch

war alles verzeichnet, die Tage waren schon geformt, als noch keiner von ihnen da war. Mir aber, wie schwer sind mir deine Gedanken, Gott, wie gewaltig ist ihre Zahl. Wollte ich sie zählen, es wären mehr als der Sand, wache ich auf, ist mein Sinn noch bei dir.» (Ps 139,16–18)

Ich frage

Was ist der Unterschied zwischen «Nachsicht» und «Hinterherschauen»?
Wer Nachsicht begegnet, bleibt nicht stehen, sondern kann weitergehen.
Wer hinterherschauen muss, sieht andere sich weiter vorwärtsbewegen.
Verlierer schauen hinterher.
Geliebten wird mit Nachsicht begegnet.
Wie kann Liebe so gelingen, dass ich nicht als Verlierer stehenbleibe?

Ich entdecke

Der «reiche Jüngling» (Mt 19,16ff.) hat das Nachsehen. Das tut nicht nur ihm, sondern auch Jesus weh. Offensichtlich gehören nicht nur Umwege und Kreuzungen zur Nachfolge Jesu, sondern auch Trennungen.
Ich will das nicht wahrhaben.
Ich suche gelingende Leben, entschuldigte Schuldige, geliebte Einsame.
Ich entdecke, das Evangelium verläuft nicht glatt.
Judas verrät, Petrus verleugnet, Paulus wird geblendet. Alle brauchen Hilfe.
Das eigentliche Wunder vor Damaskus, das dem Paulus widerfährt, ist die «Bekehrung» des Ananias, der gegen alle bislang schlechte Erfahrung dem Geblendeten aufhilft und sagt: «Lieber Bruder

Saul.» Und so gehen Paulus die Augen auf.
Du gehst auf die Bank, um dir die Bankauszüge zu holen. Du weisst schon, was dich erwartet. Nur rote Zahlen. Die Angestellte besteht auf ganz Anderem:
«Sie haben ein Plus von 25 000 Euro, und ich wollte mit Ihnen sprechen, ob Sie es nicht vielleicht anlegen möchten.»
Das kann nicht sein, meint die Erfahrung.
Irrtum ausgeschlossen, sagt Jesus.

Ich bete

Gott,
mein Ich steht mir im Weg.
Ich drehe mich um mich selbst.
Ich bin mir das wichtigste Thema.
Meine Krankheit. Meine Sorgen.
Meine Zukunft. Mein Recht.
Nun bin ich hier im Gottesdienst,
unter Schwestern und Brüdern,
ich schätze die Stille,
ich freue mich auf die Lieder,
warte auf ein Wort für mich,
das mich umkehrt,
den Kreislauf um mich selbst unterbricht,
das Hamsterrad meines Egos anhält,
mich neu ausrichtet.
Kehre du mich um.
Lösche nicht meine Vergangenheit,
reinige meine Zukunft.
Ich bete: Vergib mir meine Schuld.
Gott sagt: Längst bezahlt.
Die Frage ist: Nehme ich das Geschenk an?

Ich gehe weiter

Es gibt wenige «Nachsichtige», die nicht «nachtragend» sind.
Ich will eine «vergessende Liebe» pflegen.
Anders geht echte, vergebende Liebe nicht.
Ich muss vergessen lernen.
Da ist vieles offen. Auch in meinem Leben.
Die Rechnung ist beglichen.
Nicht, damit wir neue Schulden machen.
Sondern, dass wir aufrecht gehen
und leben lernen ohne Angst.

Zweifel

Ich erlebe

Ohne Zweifel ist man nicht klug. Es gibt Menschen, die blind anderen folgten und in die Irre gingen. «Populisten» mit gängigen Parolen sind wieder in Mode. Auch in der Kirche. Sie schauen nicht «dem Volk aufs Maul», wie Martin Luther es tat, um die Bibel verständlich zu «verdeutschen». Sie reden nach dem Mund, denken klein, tönen laut, haben aber wenig zu sagen. Sie leben vom billigen Applaus, nicht nur am Stammtisch – eben auch in der Tennisclub-Umkleide, beim Ausflug mit dem Bus, in der Reihe der Wartenden an der Kasse im Einkaufszentrum. Sie sagen «frei weg», was du als Zweifel in dir gespürt hast. Das ist elend.
Deine Zweifel sind anders. Sie sind existenziell. Betreffen deinen Glauben, den Sinn deines Lebens, vielleicht auch deine Ehe.
Dein Zweifel treibt dich um. Was sie sagen, treibt dich vor ihnen her.
Ich behaupte: Ohne Zweifel kein Glaube. Glaube muss befragbar sein. Liebe muss spürbar bleiben. «Ich glaube ...» muss die Freiheit offen halten, zu sagen «Ich zweifle ...». Ist der Zweifel – ein so grosses Gut – verboten, lächerlich gemacht oder gering geschätzt, dann verbohrt sich der Glaube wie die Wahrheit in untaugliche Besserwisserei.
Es braucht keinen «Mut» zum Zweifeln. Zweifel ist nicht nur «normal». Zweifeln ist für jede Wahrheit wesentlich.

Ich lese

Ich lese eigentlich nur Warnungen in der Bibel. Es sind Warnungen vor falschen Propheten (Jes 9,14; Jer 23,32; Mt 7,15; Mt 24,11). Zweifel sind erlaubt. Überprüfung und Kritik sind nicht nur erlaubt, sie sind geboten. Uns allen ist die Warnung des Paulus vor Augen: «Prüft aber alles, das Gute behaltet!» (1Thess 5,21f.) Ich lese diese stabile Warnung nicht als grundsätzliches Misstrauen, sondern als gebotenen Zweifel: Traut nicht jedem, der euch mit Glaubenssätzen kommt. Prüft, ob die Sätze Brücken sind, Stege oder ob sie keinen Halt haben. Ich verstehe: Glaube ist eine Kostbarkeit. Ich muss sie hüten wie einen Schatz. Ich darf den Glauben nicht «zur Disposition stellen». Der Markt wird anderes favorisieren. Der Glaube fordert den Zweifel. Wahrheit ist selektiv.

Ich frage

Wann war mein Zweifel berechtigt?
Wann war mein Zweifel unberechtigt?
Warum war mein Zweifel unberechtigt?
Was hat mich dagegen überzeugt?
Verstehe ich die Zweifel grundsätzlich? Oder habe ich «nur» Zweifel an einzelnen Aussagen des Glaubens?
Ist mein Zweifel an Personen gebunden?
Wem traue ich?
Oder ist mein Zweifel an Bekenntnisaussagen gebunden?
Kann ich sich widersprechende Aussagen «ertragen»?
Wo hat meine «Toleranz» ein Ende?
Wer bin ich, dass ich «glaube» oder «zweifle»?

Ich entdecke

Es gibt viele unter den Kolleginnen und Kollegen, die im einen oder anderen Dienst für die Kirche tätig sind, die beim Glaubensbekenntnis an bestimmten Stellen schweigen. Wir kommen ins Gespräch und spüren: Unser Glaube hängt nicht an einzelnen Formulierungen, sondern hat seinen Grund in einer Tiefe, die bis in die

Kindheit reicht. Die Akzeptanz des Zweifels reicht so tief wie die Anerkennung des Glaubens.

Dieser Reichtum bleibt auch in Zeiten des Zweifels eine Quelle, nicht der Rechthaberei, sondern in das Vertrauen einzelner Menschen: Sie hat gesagt, dass sie ... Er hat mir im Vertrauen bestätigt, dass er ... Dabei ist «der Glaube, dass ...» eben nicht das, was trägt, sondern das «Vertrauen in ...». Es mögen Zeitgenossen sein oder Menschen aus Bibel und Kirchengeschichte.

Ich bete

Um deinen Heiligen Geist
bitte ich dich, Gott.
In Tagen des Zweifels bist du uns ferne,
in Tagen der Not meinen wir,
wir hätten dich verloren.
Wir suchen nach Zeichen, dass du dich nicht davongemacht hast
wie die Händler nach dem Konkurs.
Nun hören wir, du kommst, du bist da und bleibst.
Jahr für Jahr kommen wir, um uns zu versichern, dass dies noch gilt
in all dem Kommen und Gehen.
Jahr für Jahr tragen wir mehr Fragen mit uns und haben weniges in
der Hand, was uns ermutigt.
Schenke uns deinen Trost.
Lass uns von deiner Liebe nicht nur reden.
Greife ein in unsere kleinkarierten und ängstlichen Streitereien.
Zeige uns, wie man sich lieben lässt.
Lass auch auf uns Strahlen des Lichts dieser Nacht fallen, die unser
Herz erreichen.

Ich gehe weiter

Ich lade ein zu «Zweifler-Gottesdiensten».
Ich lade ein zu «Gottesdiensten mit Widersprüchen».
Ich will meinen Zweifel weder in der Schule, noch auf der Kanzel verschweigen.
Ich bin sicher, dass mein «Rest» Glaube attraktiv ist wegen seiner Ehrlichkeit.
Ich will versuchen, mein «Bekenntnis gegen den Zweifel» zu formulieren. Ich werde es zur Diskussion stellen – im Kirchengemeinderat oder in der Schule oder unter Jugendlichen. Ich bin mir sicher, aus den Gesprächen entsteht die Einladung zum Glauben.

Schuldig bleiben

Ich erlebe

Das geht ganz schnell. Plötzlich hängst du in einer Sache drin und rotierst. Vergisst alle guten Vorsätze und denkst nur noch, wie du schnell und ungeschoren aus der Sache rauskommst.

Ich habe einmal alle Illusionen über mich selbst und den guten Kern in mir an einer Strassenkreuzung verloren. Es war noch zu meiner Studentenzeit. Ich fuhr mit meinem ersten, klapprigen VW durch Heidelberg, ein Freund neben mir. Wir unterhielten uns. Wie aus heiterem Himmel war plötzlich ein Motorradfahrer da, knallt vorne an mein Auto, fliegt einige Meter weiter und bleibt regungslos an einem Laternenmast liegen. Meine erste Reaktion? Ich fragte meinen Freund: «Du, Martin, hatte ich Vorfahrt?»

Gut, ich hatte Vorfahrt, aber dass mir das spontan das Wichtigste war, wichtiger als das Befinden des jungen Manns, der unter meine Räder gekommen war, das hat mir die Illusion über mich selbst geraubt. Der Unfall ging einigermassen glimpflich aus. Aber seither bin ich zurückhaltender mit moralischen Sprüchen.

Das geht ganz schnell. Plötzlich hängst du in was drin. Panik. Wie komme ich da wieder raus?

Ausreden erfinden, Spuren verwischen, Entschuldigungen suchen. Salopp gesagt: Ich eröffne ein Konto beim Teufel und der gibt jede Menge Kredit. Bei dem darf ich das Konto überziehen. Aber so werde ich meine Schuld nicht los. Das Konto wächst und wächst, noch nach 50 Jahren. Der Teufel reibt sich die Hände und gibt immer noch Kredit.

Ohne Gott bleibe ich auf meinem teuflischen Konto sitzen. Damit das nicht passiert, schickt Gott seinen Sohn. Er bezahlt. Er eröffnet ein neues Konto. Er lacht sich auch nicht ins Fäustchen wie der Teufel. Für seinen Kredit bürgt er mit seinem Leben.

Ich lese

Simon, damals vielleicht dreizehnjährig, hatte in der Stadt einen Hundert-Mark-Schein gefunden. Treu und brav, wie wir es ihm beigebracht hatten, brachte er den Fund auf das Fundbüro, gab seine Adresse an und wartete, dass entweder der Eigentümer sich meldete und sich über einen ehrlichen Finder freute (mindestens in Form eines zehnprozentigen Finderlohns) oder er selbst nach Ablauf eines Jahres in den Besitz der gefundenen hundert Mark käme. Doch, er hatte die Rechnung ohne den Wirt gemacht.
Wir hatten die Geschichte längst vergessen, als er uns wieder daran erinnerte. «Übermorgen läuft die Frist ab.» «Dann geh übermorgen auf das Fundbüro.»
Er ging und erfuhr, dass sich bis dato (364 Tage nach dem Fund) keiner gemeldet hätte, er aber noch einen Tag warten müsse, bis die Frist abgelaufen sei. Dann erhalte er die hundert Mark. Glücklich über die unerwartete Aufbesserung seines Taschengelds ging er am übernächsten Tag zum Fundbüro, wo man ihm erklärte, dass sich tags zuvor, eben am letzten aller 365 möglichen Tage, der Eigentümer gemeldet, die hundert Mark mitgenommen und – leider – keine Adresse hinterlassen hätte.
Unverfrorener geht es kaum. Doch alle Interventionen zwischen Pfarramt und Stadtverwaltung nützten nichts. Der Ehrliche ging leer aus. Simon hat seine Lektion gelernt. Er wird beim nächsten Mal den Hundert-Mark-Schein stillschweigend einstecken.
Menschen suchen, wo schon alle Werte im Wanken sind, die Welt ohne Rand und Mitte mit ihren Lügen uferlos wird, ein Lot, an dem man Höhe und Breite, ja die ganze Ausrichtung eines Lebens messen kann.
Was, wenn nach Ablauf meines Lebens einer dazwischenträte, all das ehrlich Gemeinte und Gute an sich nähme und verschwände? Dann bliebe nur noch Schuld. Das Bleiben von Schuld ist ein anderer Begriff für «Hölle» oder «Tod». Der «ehrliche Sünder» gehe bitte

davon aus, dass er auf einen Gott trifft, der sich nicht bereichert, sondern erbarmt. Dafür steht Jesus Christus.

Ich frage

Kennen Sie das beliebteste aller Gesellschaftsspiele?
Sie meinen «Mensch ärgere dich nicht»? Nein, das ginge ja noch. Schach? Skat? Nach eigenen Umfragen heisst das beliebteste Gesellschaftsspiel: «Der andere ist schuld».
Da gibt es die Mehrheitsvariante, etwas billiger, dafür aber in ganz hoher Auflage. Sie heisst: «Ich war es nicht». Dann gibt es die ganz billigen Angebote, täglich kommen neue auf den Markt, sie laufen unter dem Namen: «Der hat gesagt, dass die schuld sind.» Dann gibt es die in kirchlichen und gut bürgerlichen Kreisen oft vertretene Variante mit dem Titel: «Ach Gott, was sie nicht sagen! Das hätte ich von dem gar nicht gedacht.» Eine gute Tradition in unserem Land hat die Urlaubsvariante mit dem Titel «Davon habe ich nichts gewusst.» Dann gibt es noch die – ich nenne sie mal «Mauerblümchenvariante» mit dem Titel «Ach, ich bin ja so ein kleines Nümmerchen, wer hört schon auf mich, wenn ich was sage. Ich hab mir's ja gedacht, dass man ihm Unrecht tut, aber was nützt es schon, was ich sage». Ein langer Titel.
Wer hat die Schuld an den Hakenkreuzschmierereien, an der Asylantenjagd? Wer hat die Schuld an Brandbomben gegen die Häuser der Fremden und an der neuen Hetze gegen Juden? Und wer lacht über Ausländerwitze? Wer behauptet, dass ihm Asylanten die Arbeit wegnehmen und wer ist verantwortlich für die hohen Mieten? Wer hat die Schuld an der Sorge der Rentner? Auf wessen Konto gehen die Arbeitslosen?
Und wenn wir ihn dann haben, den Schuldigen, die Bösen, die anderen – es sind ja immer die anderen –, dann hat man das Spiel gewonnen.

Ich entdecke

Schuld ist in der Bibel immer thematisierte Schuld.
Warum ist Schuld in der Bibel nicht gleichzeitig auch vergebene Schuld?
Weil die Schuldigen sich im Recht fühlen und die Opfer sich nicht mehr wehren können.
Schuld muss benannt werden. Von Josefs Brüdern (Gen 37,12ff.) bis Ananias und Saphira (Apg 5,1–11).
Ich verstehe, dass Schuld nicht verheimlicht werden soll. Wenn eine heilsame Lösung – das weiss ich aus der Seelsorge – wirken soll, dann nur als Brücke über einen offenen Graben.
Hier exakt setzt die befreiende Botschaft des Evangeliums an.
Da bleiben keine Strafen. Da bleiben keine Wunden. Es geht nur um Heilung.
Als Jesus im Vorbeigehen einen Mann sieht, der von Geburt blind war, fragen ihn die Jünger: «Rabbi, wer hat gesündigt, er oder seine Eltern, dass er blind geboren wurde? Jesus antwortete: Weder er noch seine Eltern haben gesündigt, sondern die Werke Gottes sollen an ihm offenbar werden. Wir müssen die Werke dessen wirken, der mich gesandt hat, solange es Tag ist. Es kommt die Nacht, da niemand wirken kann. Solange ich in der Welt bin, bin ich das Licht der Welt. Als er das gesagt hatte, spuckte er auf die Erde und machte einen Brei aus dem Speichel und strich ihm den Brei auf die Augen und sagte zu ihm: Geh, wasche dich im Teich Schiloach! Schiloach heisst ‹der Gesandte›. Da ging er und wusch sich und kam sehend zurück. Die Nachbarn nun und die Leute, die ihn früher als Bettler gesehen hatten, sagten: Ist das nicht der, der dasass und bettelte? Die einen sagten: Er ist es. Die anderen sagten: Nein, er sieht ihm bloss ähnlich. Er selbst sagte: Ich bin es. Da sagten sie zu ihm: Wie also sind deine Augen aufgetan worden? Er antwortete: Der Mensch, der Jesus heisst, machte einen Brei und strich ihn mir auf die Augen und sagte zu mir: Geh zum Teich Schiloach und wasche dich.» (Joh 9,1–11).

Ich bete

Um deinen Heiligen Geist
bitte ich dich, Gott.
Ich beichte dir
mein Leben.
Du hältst es ans Licht.
Dann werden wir sehen.

Ich gehe weiter

Wenn du die Hand reichst, ist das gut.
Wenn du das Herz öffnest, ist das besser.
Wenn du an die Stelle des anderen trittst,
mit seinen Augen siehst,
mit seinem Herzen zitterst,
mit seiner Vergangenheit dich beschwerst,
seine Last trägst,
seine Schuld bezahlst,
dann haben die Engel Auszeit.
Dann gehst du segnen.

Enttäuschen

Ich erlebe

Ich enttäusche Menschen.
Sie warten auf mich – ich habe den Termin vergessen
Sie vertrauen mir – ich habe meine Zusage vergessen.
Sie hören meine Predigt – und erleben in meinem Verhalten das Gegenteil.
Ich habe versprochen – und nicht gehalten.
Sie sind enttäuscht. Ich verstehe ihre Enttäuschung.
Da ist mein Amt, das enttäuscht – und meine Person, in die sie Vertrauen verloren haben.
Ich habe vorschnell zu viel versprochen.
Ich habe «seine» Verheissung mit «meiner» Kraft verwechselt.
Mir hat einmal vor 50 Jahren ein von mir gewonnener Handwerksmeister mit kleinem Geschäft in Mannheim nach zwei Jahren Ältestenamt enttäuscht gesagt: «Das ist ja wie bei uns! Es geht um Geld und Besitz. Ich hatte mir das anders vorgestellt.»

Ich lese

Der Begriff «Enttäuschung» findet sich kaum, in der Bibel. In Hiob 41,1 wird die Hoffnung enttäuscht, und in Hiob 7,3 lesen wir die verständliche Klage: «... so gab man Monde der Enttäuschung mir zum Erbe, und Nächte voller Mühsal wurden mir zugeteilt.»
Dabei müsste doch der «Sachverhalt», dass ein Mensch den anderen enttäuscht, so alt sein wie die Menschheit selbst.
Der Begriff «getäuscht» taucht dagegen wesentlich häufiger auf. Gott ist enttäuscht von seinem Volk (Weish 12,24) und umgekehrt (Jer 4,10). Was sich zwischen Delila und Simson (Ri 16) abspielt ist

schon in der Schöpfungsgeschichte angelegt. «Ich war es nicht, es war die Frau. Sie war es nicht, es war die Schlange ...» Liebe ist offensichtlich ein für Enttäuschung und Täuschung äusserst gefährdeter Ort. Und so wie die Liebe auf Vertrauen basiert, so auch die Schweigepflicht im Pfarrdienst, die Beichte und die «Ehrlichkeit» bei Predigt, Unterricht und Seelsorge.

Ich frage

Warum geht uns die «Herzlichkeit» ab? Warum spürt man «Dienstgehabe»? Was haben wir zu verbergen? Unsere wankende Liebe? Unsere angefochtene Ehrlichkeit?
Es ist schon weit im Fortschreiten der Passion des Manns aus Nazaret, als das Johannesevangelium eine der zärtlichsten und intimsten Momente erzählt: «Als sie nun gegessen haben, sagt Jesus zu Simon Petrus: Simon, Sohn des Johannes, liebst du mich mehr, als diese mich lieben? Er sagt zu ihm: Ja, Herr, du weisst, dass ich dich lieb habe. Er sagt zu ihm: Weide meine Lämmer! Und er sagt ein zweites Mal zu ihm: Simon, Sohn des Johannes, liebst du mich? Der sagt zu ihm: Ja, Herr, du weisst, dass ich dich lieb habe. Er sagt zu ihm: Hüte meine Schafe! Er sagt zum dritten Mal zu ihm: Simon, Sohn des Johannes, hast du mich lieb? Petrus wurde traurig, weil er zum dritten Mal zu ihm sagte: Hast du mich lieb?, und er sagt zu ihm: Herr, du weisst alles, du siehst doch, dass ich dich lieb habe. Jesus sagt zu ihm: Weide meine Schafe! Amen, amen, ich sage dir: Als du jünger warst, hast du dich selber gegürtet und bist gegangen, wohin du wolltest. Wenn du aber älter wirst, wirst du deine Hände ausstrecken, und ein anderer wird dich gürten und führen, wohin du nicht willst.» (Joh 21,15–18)

Ich entdecke

Simone Weil schreibt: «In allem, was ist, ist meist mehr Wahrheit als Lüge.»[21] Das kann meine schlechten Erfahrungen korrigieren. Das kann auch meinen Fehlern und den Enttäuschungen, die ich zugefügt habe, eine neue Klammer geben: Ich bin mehr, als das, was ich tue. Ich bin näher an dir und der Wahrheit, als ich deutlich machen konnte. Ich kann um Verzeihung bitten. Ich kann auf Verzeihung hoffen.

Ich bete

Um deinen Heiligen Geist
bitte ich dich, Gott.
Ich habe enttäuscht.
Ich bin enttäuscht.
Gott, befreie mich von den Fesseln meiner schlechten Erfahrungen.
Schenke mir Menschen, bei denen ich Vertrauen üben kann.
Überwinde mein Misstrauen.
Stärke meinen Mut.
Übernimm mein Risiko.
Ich setze auf Liebe.
Hilfst du mir?

Ich gehe weiter

In meiner Agenda für die kommende Woche stehen Namen.
Es sind Menschen, die ich enttäuscht habe.
Kein «Termin» soll mir als Ausrede dazwischenkommen, um nicht offen mit diesen Menschen zu reden.
Wenn ein Gespräch nicht möglich ist, dann ein Brief, eine Mail.
Jedenfalls möglichst umgehend.

Enttäuscht werden

Ich erlebe

So ist das eben. Aber es ist nicht so.
Eigenartig: Sie unterhalten sich etwas leiser als sonst, schweigen, wenn ich dazukomme. Ich habe keine Ahnung, was sie umtreibt. Ich frage nach. Eine sagt: «Nein, alles gut.» Ein weiterer wiederholt. Eine Dritte schliesslich meint: «Ach, wissen Sie, Sie haben über die Probleme der Kirche geredet. Das hat sich so angehört, als würden wir uns nicht genug anstrengen. Und Herr Winter will deshalb zurücktreten.»
Nun ist Herr Winter der, der unsere kleine Bücherei aufgebaut hat. An drei Nachmittagen ist sie geöffnet. Der ist unersetzbar.
Ich finde ihn noch kurz vor seinem Auto. Ich: «Habe ich Sie irgendwie verletzt? Das wollte ich nicht.» – Er: «Ein kleines ‹Danke› vor dem ‹Aber› wäre besser gewesen. Wir sind alle enttäuscht, dass so viele ausgetreten sind. Wir geben unsere Freizeit. Für Sie ist das Ihr Job.»

Ich lese

Der – sicherlich nicht an Büchern – «reiche Jüngling» ist enttäuscht, weil Jesus Schritte weiter geht, als er sie zu gehen bereit ist (Mt 19,16–26). In Lk 17,11–19 erzählt der Evangelist von zehn Geheilten, von denen neun «einfach weiter gehen». Nur einer geht dankbar zurück. Dem einen sagt Jesus: «Und er sagte zu ihm: Steh auf und geh! Dein Glaube hat dich gerettet.» Sind die anderen Geheilten etwa nicht gerettet, oder bleiben nicht so lange gesund. Ist Gott «missgünstig»?

Ich frage

Wie können wir uns verständigen?
Wie kann ich mit meinen 60, manchmal mehr Stunden Arbeit im Pfarramt, dem/der Ehrenamtlichen nicht meine Stunden vorhalten und meinen Einsatz, sondern seinen/ihren hilfreich schätzen? Wie gelingt es, den Vergleich nicht zur Abrechnung zu machen?

Ich bete

Ich war erschlagen, du hast mich aufgerichtet.
Ich war durcheinander, du hast mein Leben geordnet.
Ich war müde, du hast mir Lieder gesungen.
Ich war traurig, du hast dich neben mich gesetzt.
Ich war am Boden, du hast dich gebückt.
Meine Seele war wund, du hast mich beschützt.
Meine Nerven lagen blank, du hast mich beruhigt.
In deiner Nähe finde ich Frieden.
Dein Wort heilt.
Mein Glaube braucht noch Zeit.
Doch du hast den Anfang gemacht.
Du bist gekommen.
Du fängst klein mit mir an und gibst meiner Seele grosse Kraft.
Halte mich fest.
Es kommen wieder ärmere Tage und dunklere Nächte.
Ich spüre: Es ist gut so.

Ich entdecke

Ja, du hast einiges falsch gemacht.
Ich habe einiges falsch gemacht.

Wir alle haben einiges verbockt.
Das ist so. Wir sind so.
Aber das bleibt nicht.
Wir legen eben nicht unsere Leistungsfähigkeit neben das Kind in die Krippe. Wir legen unsere Bedürftigkeit hinein.
Das ist die grosse Wahrheit der kleinen Leute von Betlehem: Fürchtet euch nicht, euch ist heute der Heiland geboren.

Ich gehe weiter

Mit wunder Seele gehe ich aufrecht.
Die Zweifel sind nicht stärker als mein Glaube.
Der Frust ist nicht grösser als meine Dankbarkeit.
Ich werde noch einmal mit ihm, mit ihr sprechen.
Ich werde vor dem Gespräch die Hände falten.
Ich werde mich vorbereiten, Termine absagen.
Ich werde nicht anklagen und nicht vorwerfen.
Ich werde fragen, ob sie/er mir bei einem Brief an Ausgetretene helfen könnte.
Ich bräuchte jemand, der Enttäuschung versteht.

Mobilität

Ich erlebe

Dass ein Mensch sein Leben lang nur einen Beruf ausübt bzw. in nur einer Firma 40 Jahre beim selben Arbeitgeber bleibt, ist heute eine seltene Erwerbsbiografie. Jährlich wechseln drei Prozent der Deutschen ihren Job. Das wird in der Schweiz nicht anders sein.
Die typische Karriere ist out. Im Berufscenter gibt es eine «Expertin für Glücksfindung, Motivation und Problemlösung», ebenso eine «Expertin für Wiedereinstieg, Neuorientierung und das nächste Karrierelevel».
Pro Jahr zogen in meiner letzten Gemeinde etwa 100 Menschen zu, ein paar mehr zogen weg. In 3 Jahrzehnten wurden fast drei Viertel der Gemeinde «ausgetauscht», Menschen wurden geboren, Menschen starben, Menschen traten in die Kirche ein, andere aus, Menschen zogen weg, andere zogen zu.
Man stelle sich das vor: In 30 Jahren drei Viertel einer Gemeinde. Kommen und Gehen.
Wie steht es mit deinen Wurzeln, Mensch? Wo greifen sie nach Halt? Oder hast du gar keine?
Die beruflich bedingte Mobilität führt zu nicht einfachen Wochenend-Ehen, Schulwechseln der Kinder, mangelnde Anbindung an «Heimat», Ort und Menschen.
Diese Mobilität wird zum Teil ausgeglichen durch (Video-)Chatten und die Medienmöglichkeiten, doch am Ende sind diese wohl kein «Ersatz» für körpernahe, spürbare Beziehungen.

Ich lese

Auch in der Bibel ein Kommen und Gehen:
Sie lebten als Nomaden im noch fruchtbaren Streifen zwischen

Wüste und Kulturland. Sie zogen mit dem Regen und suchten Weide für ihr Kleinvieh, die Ziegen und Schafe. Rinder und Pferde kannten sie nicht. Während andere Völker schon entlang der Küsten zurr See fuhren, wanderten die biblischen Alten mit dem Regen auf der Suche nach Grün. Sie lebten in Zelten, nicht in festen Häusern. Selbst lange nachdem sie im «gelobten Land» sesshaft geworden waren, in einfachen Lehm-, Stroh- und Steinhäusern lebten, dienten eher der Esel als das Pferd, eher der Karren als der Wagen, eher das Tragetuch als die Sänfte als «Mobiliar».

Pferde waren dem Militär vorbehalten, meist dem feindlichen. Der Esel war ein vornehmes Fortbewegungsmittel, reitet doch selbst der Messias in Jerusalem auf einem Füllen der Eselin ein, während Gott die Wagen aus Ephraim und die Rosse aus Jerusalem «wegtun» wird. Aus neutestamentlichen Zeiten kennen wir des Paulus Reise zu Schiff auf dem Mittelmeer, trotz aller seefahrerischer Kenntnisse immer noch eine gefährliche Unternehmung. Der Kämmerer aus dem Morgenland – heute würden wir sagen: der äthiopische Finanzminister – fährt wohl in einem Reisewagen (Apg 8,26ff.), aber Jesus und seine Jünger, selbst der Apostel Paulus auf seinen Missionsreisen – sie waren in der Regel zu Fuss unterwegs.

Ein zu Fuss Reisender legte etwa eine tägliche Reisestrecke von 30 bis 40 km zurück, ein Lastesel 40 km, ein Eilbote 70 km, die Truppen eines Heeres etwa 15–25 km. Für die Strecke von Galiläa, der Heimat Jesu, bis nach Jerusalem benötigte man etwa drei Tage. Die von Jerusalem im 6. Jahrhundert nach Babylon Deportierten waren ca. 45 Tage unterwegs.

Wie also ist man zu biblischen Zeiten gereist? In der Regel zu Fuss. So schnell eben, wie es die mitziehende Kleinviehherde, die schwangere Frau auf dem Esel, der leere Magen, die Krankheiten oder das Wetter erlaubten. Gastfreundschaft ist in einer solchen Gesellschaft überlebensnotwendig. So ist in Israel das Gastrecht ein Menschenrecht. Man erinnert sich schliesslich mindestens am Erntefest daran, dass der eigene Vater ein «verlorener Aramäer» (Dtn 26,5a) war.

Reisen in biblischer Zeit galten als gefährlich, erst recht, wenn man allein reiste. Flüsse, die über die Ufer traten, stellten Gefahren dar. Man konnte unter wilde Tiere oder Räuber fallen und war dann hilflos und wie der Reisende zwischen Jericho und Jerusalem auf die Barmherzigkeit anderer angewiesen. Man reise daher eher zu zweit oder gar zu dritt und suchte sich dazu manchmal auch einen bezahlten Reisegefährten, oder man schloss sich einer Karawane an, der damaligen Form einer «Reisegruppe».
Unterkunft fand man bei Verwandten, in Herbergen oder man war auf die freie Gastfreundschaft bei Landsleuten angewiesen. Mit Proviant und Empfehlungsschreiben versehen reiste man nach einer Ruhepause von dort weiter. Bei länger dauernden Reisen musste man sich ein Winterquartier besorgen, da man in der Regenzeit nicht reiste. Im Arabischen kennt man das Sprichwort: «Iss zur Essenszeit. Und reise zur Reisezeit.»

Ich frage

Wie kann ein Mensch Wurzeln schlagen in einer «mobilen» Welt?
Wie können Migrantinnen und Migranten Wurzeln schlagen bei uns?
Wohin «verschlägt» es mich nach meiner Dienstzeit?
Wie steht es mit deinen Wurzeln, Mensch? Wo bist du zu Hause?
Wo ist dein Halt, dein Pflanzort, deine Heimat?
Bist du ein einjähriges Gewächs, das nicht überwintert?
Bist du ein Mensch, dessen Wurzeln sich flach und breit verzweigen, oder bist du eher einer, der tief wurzelt und den man schier umbringt, wenn man ihn verpflanzt?
Wurzele ich noch im «Traum vom Paradies»?
Wurzele ich noch in der «Bergpredigt»?

Ich entdecke

Ich bin seit Kindheit an unterwegs.
Mich begleiten von Kindheit an Menschen, kürzer oder länger:
Die Hebamme, die Ärztinnen und Ärzte, die Erzieherinnen und Erzieher, Lehrerinnen und Lehrer.
Die Schulkameraden. Die vielen in der Tanzstunde, der eine oder andere beim Bund, unter den Zivis.
Die Arbeitskolleginnen und -kollegen.
Die Nachbarinnen und Nachbarn hier und dort.
Die Frau im Sopran, der Mann im Bass neben mir.
Es sind allein schon hier eine Fülle von Menschen, die meine «Mobilität» begleitet haben.
Dann die wenig Erinnerten: der Busfahrer, die Schaffnerin, der Bäcker, die Marktfrau, die Krankenschwester, der Schornsteinfeger, die Bestatterin, der Postbote, der Flirt am Arbeitsplatz, die Enttäuschung im Amt ...

Ich bete

Woher ich auch komme, dein Licht war mein Weg.
Wohin ich auch gehe, deine Hand ist mein Steg.
Und wer ich auch war, am Anfang warst du,
wer immer ich werde. Du kommst auf mich zu.
Was war und was sein wird, was bleibt und was hält:
Du lebst, und das ist mir Haus, Heimat und Zelt.
Du lebst, ich kann hoffen, du schenkst mir den Sinn,
so bleibe ich offen, wer immer ich bin.

Ich gehe weiter

Ich möchte nicht umherirren, aber auch nicht vorüberhasten.
Nicht fliehen, aber auch nicht gefangen bleiben.
Frei wie ein Junger, gebunden wie ein Liebender, unterwegs wie ein Träumender, kundig wie ein Erfahrener, glücklich wie ein Weiser.
Ich verstehe: Ich muss «bewusst mobil» sein.
Ich will nicht taumeln, vergebens suchen müssen, den Halt verlieren.
Ich suche das für mich heilsame Mass zwischen Bindung und Freiheit, zwischen Halt und Lösung, zwischen Bleiben und Gehen.
Ich weiss, das ist meine Aufgabe.
Ich weiss, das ist meine Zusage.

Verblassendes Berufsbild

Ich erlebe

Deutlich an Vertrauen eingebüsst haben Priester und Pfarrer: Im Vergleich zum Vorjahr sackte ihr Vertrauenswert um zwölf Prozentpunkte auf 39 % ab. So konnte man schon 2011 in den Zeitungen lesen: «Erheblich an Ansehen verloren haben dagegen Pfarrer beziehungsweise Geistliche. Während der Pfarrer bei früheren Untersuchungen meist hinter dem Arzt auf dem zweiten Platz lag, rutschte er in der aktuellen Umfrage mit 28 % auf den siebten Rang ab. Im Osten liegt der Wert sogar nur bei 22 %, während dieser im Westen 29 % beträgt.»[22]

In einem «Berufsranking» von Statista tauchen 2023 wohl 31 Berufe vom Feuerwehrmann bis zur Versicherungsvertreterin auf, das Vertrauen in Pfarrpersonen wird aber überhaupt nicht mehr erfragt.[23]

Mit der immer deutlicher infrage gestellten Relevanz der Kirche geraten deren Mitarbeiterinnen und Mitarbeiter in einen ansteigenden Rechtfertigungsdruck. Es ist nicht einmal heftige Kritik oder die eine oder andere abschätzige Bemerkung. Es ist schlicht das Übergangen- und Vergessen-Werden. Kirche ist ein «Auslaufmodell». Ist auch in den Medien allenfalls (noch) an höchsten Feiertagen bzw. durch Skandale eine Meldung wert.

Ich lese

Die Jünger, die nicht in der Lage sind, den Kranken selbst zu heilen (Mt 17,16), scheitern nicht an ihrer Heilkunst, sondern wegen ihres schwachen Glaubens. Ebenso legt Jesus bei der Stillung des Seesturms den Finger in diese Wunde: Ihr Kleingläubigen!

Ich frage

Was macht der Bedeutungsverlust mit mir?
Steuere ich gegen den Trend?
Wie/womit steuere ich gegen den Trend?
Habe ich resigniert?
Was macht mir Hoffnung?
Mit wem tausche ich mich offen aus über die schlechten Erfahrungen?
Mit wem kann ich intensiver zusammenarbeiten?
Was kann ich sein lassen?
Was passiert, wenn nichts passiert?

Ich entdecke

Früher sagte ich salopp: «Uns sind keine Mehrheiten verheissen.» Nun, da wir deutlich in der Minderheit angekommen sind, entdecke ich die enorme Kraft anderer Minderheiten. Das gilt für Migrantinnen und Migranten wie für «queere» Gruppen.
Die kleinere Zahl ist kein «Verhängnis». Es ist auch die Chance, das Profil zu schärfen. Ich muss nicht gleichzeitig Animateur, Bürokrat, Buchhalter, Seelsorger, Lehrerin, Journalist und Predigerin sein.
Wir haben verlernt, uns Herz an Herz zu äussern. Es fehlt die beherzte Nähe.
Heute geht es um beherztes Miteinander. Heute geht es, wenn Kirche sich äussert, um Echtheit. Echt am Herz sein, nah am Herzen eines anderen. Du, Mensch! Mehr muss uns nicht ans Herz gehen, wenn Gott und sein Christus hinter uns stehen. Du! Mensch!
Ich kann nicht alles, kann aber Meines beitragen zu dieser beherzten, offenen Nähe.
Wer in Asien oder in Afrika Gottesdienste besucht hat, spürt, dass «Glauben» etwas anderes ist als «Amtskirche» bei uns, in der Transzendenz und Mystik mehr und mehr verloren gehen.

Wir suchen Reformen. Das steht uns als Kinder der Reformation an. Haben wir wirklich verstanden, dass Reformation Verzicht und Veränderung bedeutet? Haben wir verstanden, dass Reformation und Verzicht dann Liebe erfordern? Herzlichkeit. Die Bildschirme zu Hause werden immer grösser. Die Ausschnitte unserer Herzen immer kleiner. Ich erlebe grandiose junge Frauen und Männer in unseren Pfarrämtern. Ich hätte das bei dem Gehalt, bei diesen verkrusteten, verhakten Strukturen und dem Beharren auf Eigenem nicht so erwartet. Sie müssen echt überzeugt sein.
Sie denken frischer. Sie gehen mit Zeit anders um. Sie haben keine Claims abgesteckt. Sie gehen ihren Weg.

Ich bete

Ich danke dir, Gott,
dass ich nicht allein bin mit meinem Glauben,
mit meinen Fragen und Sorgen.
Du kennst die Fülle der Aufgaben und die Grenzen der Kraft.
Du kennst meine Angst, etwas schuldig zu bleiben.
Ich danke dir, Gott, dass ich nicht allein bin in meinem Dienst.
Gib deinen Segen auf unsere Arbeit.
Stärke unser Miteinander.
Unseren Zielen gib das rechte Mass und unserem Vertrauen einen sicheren Grund.

Ich gehe weiter

Begegnung wächst aus der Tiefe. Gottesdienst ist – wenn er gelingt – die tiefstmögliche Begegnung: interkulturell, trans- und intersexuell, im Zeitensprung hin und zurück und wieder hin und wieder zurück, zwischen Gott und einem aufgeregt schlagenden Herzen – ein

Beziehungsgeflecht. Und wir sollen das Flechten lehren. Ich möchte – mit anderen – eine «Sehnsuchtskultur» schaffen und pflegen. Ich möchte nach Transzendenz suchen und mich nicht in all den Vorläufigkeiten, die sich rundherum anbieten, verlaufen. Vieles können andere besser, aber «öffentlich glauben» ist unsere Berufung.

Sie gehen auf Distanz

Ich erlebe

Nicht, dass sie mich meiden.
Sie kommen einfach nicht.
Ich lade breiter ein; ich verschicke persönliche Einladungen.
Sie kommen einmal. Wie zu einer Kasualie. Doch keiner ist gestorben, keine wurde getauft. Sie lassen sich einfach – auch mehrfach – nicht einladen.
Ich bleibe sitzen auf meinen guten Gedanken.
Ich bleibe sitzen auf meiner persönlichen Begrüssung.
Sie haben zugesagt.
Sie haben mich auf dem Markt sehr freundlich begrüsst.
Sie grüssen mich als Bekannte im Buchladen.
Nicht, dass sie mir um den Hals fallen würden.
Aber sie signalisieren mir deutlich: Wir kennen dich. Wir mögen dich.

Ich lese

Entfremdung bedeute, schreibt Bernhard Schlinck über F. T. Vischer: «... dass der Mensch in der Welt nicht mehr zu Hause ist, dass seine natürlichen Lebensverhältnisse durch künstliche ersetzt sind, dass sein Verhalten nicht mehr von ihm, sondern von fremden Mächten bestimmt wird. ... Philosophisch stellte sich ihm die Entfremdung als Auflösung der Welt in das Besondere und Subjektive dar; alles sei zufällig geworden. Lasse sich aber das Zufällige, das heißt das Sperrige, Hässliche, Tragische, Komische, als Moment des Schönen begreifen und im Schönen aufheben, dann sei das Besondere mit dem Allgemeinen, das Subjektive mit dem Objektiven, das

Zufällige mit dem Notwendigen wieder versöhnt. Dann könne der Mensch wieder in der Welt zu Hause sein.»[24]

Ich frage

Wo begegne ich der Versöhnung, die der Philosoph vorhersieht?
Ist unser Gottesdienst zu sperrig, zu fremd?
Ist die Distanz gar meine persönliche Schuld?
Und wenn: Was bin ich schuldig geblieben?
Was unterscheidet meine erlebte Distanz von der Distanz anderer Grossgruppen (Vereine, Parteien, Gewerkschaften)?
Wie gehen andere Grossgruppen vor Ort mit den sinkenden Zahlen um?
Was rät die Psychologie angesichts spürbarer Distanz?
Was rät die Theologie angesichts leerer Kirchen?

Ich entdecke

Sie gehen zur FEG.
Was ist bei uns anders als dort?
Die Kinder sind besser «untergebracht», es spielt eine kleine Band, die Lieder laufen über den Beamer. Die Predigt ist «frömmer» als meine. Die Lieder sind andere. Gelegentlich spürt man, wie über offene Fragen geistliche Plastiktüten gebreitet werden. Aber das gibt es auch bei uns.
Warum ist unsere Gemeinde eine «fremde Heimat» geworden?
Es ist einige Jahre her, da fand man – was weiss ich wo – in Israel einen Scherbenhaufen. Lauter einzelne kleine Nachrichten, Briefe, Kommentare des Zeitgeschehens. 6. Jahrhundert sagen die Kundigen. Als Jerusalem belagert war von babylonischen Truppen. Vor 2 500 Jahren. Ein Kommentar, eine Nachricht, eine Tonscherbe hat

es mir besonders angetan. Auf ihr steht:
«Leute gibt es, die die Hände des Landes und der Stadt schlaff machen.»
Wer sind diese Leute?
Die Ehrlichen, die die Zahlen nicht beschönigen. Die Kriege beklagen und den Hungertod anprangern?
Die Ehrlichen, die sagen, in uns Menschen stecke ein grossartiges Potenzial, nur würden wir es nicht nützen?
Die Ehrlichen, die die Hände in den Schoss legen und beten?
Die Ehrlichen, die von Gottes dennoch wunderbarer Welt und von der vollendeten Schönheit einer Rose schreiben?
Die Ehrlichen, die sich zusammentun und der Welt der Händler den Kampf ansagen?
Mit den Jahren bin ich ein Zweifler geworden, was die menschlichen Fähigkeiten anbelangt. Menschen hassen. Menschen töten und Menschen machen zunichte.
Ebenso staune ich mit den Jahren über das, was Menschen vermögen, wenn sie lieben. Menschen erfinden. Menschen träumen. Menschen gestalten.
Selbst der sonst eher skeptische Apostel Paulus meint, die Kreatur warte darauf, dass sich die Menschen endlich als das erweisen, was sie sind: Kinder Gottes. Trotz aller Vorbehalte: Der Mensch hat eine Verheissung.
Wer mit den Augen Gottes sieht, sieht in das Herz der Dinge, legt die Trauerkleider ab, geht an die Arbeit oder tanzt, kämpft oder singt, spielt oder schweigt – sucht, was dem Leben dient.

Ich bete

Sie sind nicht gekommen.
Gerade an sie hatte ich gedacht bei der Vorbereitung,
beim Schreiben des Gebets,

bei der wichtigen Passage der Predigt.
Sie sind nicht gekommen.
Dabei hatten sie gesagt: Bis morgen.
Und in meiner Freude habe ich alles noch einmal geändert.
Sogar die Lieder.
Eigens zwei Lieder ausgewählt für sie.
Sie sind nicht gekommen.
Wenige waren da.
Ich war enttäuscht, zerstreut.
Ob du da warst, Gott?
Sicher warst du da.
Ja.
Es ist nicht alles gut – aber du hast ein Gespür für das Schöne.

Ich gehe weiter

Ich werde einladen.
Ich werde persönlich einladen.
Ich werde meine persönliche Freude zeigen, wenn wir uns sehen.
Ich werde mein persönliches Interesse zeigen, wenn wir uns sehen.
Ich werde mich nicht verbiegen.
Ich werde lassen.
Ich werde weder das Schwitzen in der Sauna noch das Joggen oder Walken im Stadtwald meiden.
Aber sie sollen sich nicht «gejagt» empfinden, auch wenn ich das Wegbleiben als Verlust zeige.
Ich will ihre Distanz nicht mir anlasten.
Sie haben sich anders entschieden.

Bin ich nur ein «Zeremonienmeister» / eine «Zeremonienmeisterin»?

Ich erlebe

Traditionen sind ein Segen, das haben wir in langen Lebensjahren gelernt: Traditionen halten oft heilend etwas zusammen, was auf dem Markt und hinter den Fassaden auseinanderzubrechen droht.
Es gibt auch sehr missliche Traditionen aus eigener Erfahrung: Die offensichtlich besorgte Mutter der Braut, die während des Gebets bei der Hochzeit nach vorne kommt und der Tochter die Frisur zurechtrückt.
Die Familie, die «Time to Say Goodbye», «Il Silenzio» bei der Bestattung als Nachgesang wünscht oder «Goodbye Johnny».
Der filmende Freund, der noch einmal das Wasser über dem Haupt des Kindes wünscht, weil die erste Aufnahme in die Hose ging.

Ich lese

Bestattungsunternehmen sind offensichtlich in der Konkurrenz auf dem Markt bereit, alle «Moden» mitzumachen. Nicht anders die Hochzeitsmessen. Nur für Taufen gibt es offensichtlich noch keinen Markt. Der wird sich noch entwickeln.
Riten binden zusammen, was zusammengehört.
Riten klären das Bindende, den Zusammenhalt oder den Zerfall.
Riten sind lebensnotwendig für die Gruppe und die Einzelnen.

Ich frage

Warum geniesse ich gelegentlich, dass ich der Zeremonienmeister bin?

Was tut mir dabei gut?
Sind es die Rolle, der Talar, der Ritus, die mir Sicherheit geben, mir die «Leitung» anvertrauen?
Ich muss mich nicht durchkämpfen, um anerkannt zu sein. Die Rolle, schon die Stola räumen Stolpersteine weg.
Warum bin ich dennoch unzufrieden?
Warum reicht mir der Dienst als Zeremonienmeister nicht?
Was fehlt mir dabei?
Was erwarte ich als «Mehrwert», als «Überschuss»?

Ich entdecke

Das Ritual tut seine Wirkung. Das Ritual besiegt den Zweifel. Die Menschen haben über Jahrhunderte gelernt, um Elend und Glück einen Sinn zu weben, ein Netz, das sie in allen Unsicherheiten hält. Erstaunlich: Sie gehen in alten Kirchen langsamer und senken die Lautstärke ihrer Stimmen.
Ich kann sie – das Mikrofon hilft mir – zur Aufmerksamkeit bringen. Ich kann sie direkt ansprechen, und sie hören zu.
Je persönlicher und echter (auch in meinem Ärger) ich bin, umso mehr Aufmerksamkeit finde ich.
Und ist dieser Sprung aus der «erwarteten Rolle» gelungen, sei es durch ein «Jetzt reichts!» oder durch ein «Sie sind willkommen in einer Kirche. Sie ist eigentlich ein Raum der Stille! Ob das jetzt auch gelingt?», dann übernimmt der Raum, dann kann ich aufhören, zu «leiden».
Dann kann ich beginnen, eine Zeugin / ein Zeuge zu sein.
Sie alle haben ihre Geschichte mit Kirche und Gott.
Ich kann jetzt ihre Geschichte achten.

Ich bete

Jesus Christus,
wir tun uns schwer
mit all den guten Eigenschaften:
Geduld, Sanftmut, Demut.
Wir hören wohl.
Wir verstehen auch.
Wir wollen nicht.
Die Demütigen machen sich klein, lassen sich die Butter vom Brot nehmen,
kommen meist einen Schritt zu spät und haben trotzdem noch ein gutes Wort.
Ich ärgere mich, wenn sie einen mir wesentlichen Gedanken nicht ernst nehmen.
Sie sind unsicher. Und wer unsicher ist, ist laut.
Du fällst uns nicht ins Wort.
Du bist demütig.
Nicht anders finde ich Ruhe für meine Seele und Liebe zu denen,
die du mir zum Liebhaben über den Weg schickst.

Ich gehe weiter

Die Mauern dieser Kirche bergen unser «Ja» bei Taufe,
Konfirmation und Trauung.
Eine Kostbarkeit. Unser «Ja».
Die Orgel singt uns Lieder, die Fenster malen erstaunliche Bilder,
der Boden erzählt von Wegen und Umwegen,
das Kruzifix auf dem Altar – uralt, hat unzählige Konfirmationsjahrgänge begleitet.
Der Chor erzählt biblische und regionale Geschichten.
Generationen haben hier Lieder gesungen,

Gebete gesprochen, Kinder getauft,
Ehen geschlossen, Tote betrauert, Trauernde getröstet,
Aufgeregte beruhigt und Frieden gesucht.
Vor uns sind hier andere auf ihre Weise,
mit ihren Gaben, mit ihren Worten
für das Evangelium gestanden.
Nun stehe ich heute hier.
Viele waren vor mir.
Andere werden nach mir kommen.
Wir kommen und gehen.
Ja, ich spiele eine Rolle.
Ich darf heute das Evangelium zusprechen.
Das ist mehr als ein Ritus.
Das ist ein wunderbarer Auftrag.
Die Mauern dieser Kirche singen alte und neue Lieder,
der Boden erzählt vom Kommen und Gehen.
Gott bleibt von Ewigkeit zu Ewigkeit.

Falsch verstanden

Ich erlebe

Es war in Mannheim. Ich hatte eines meiner ersten Beerdigungsgespräche. Der Ehemann der Verstorbenen sass klagend und traurig bei mir. Brühwarm erzählte ich seine Klage-Story bei der Beerdigung. Die beiden Schwestern der Verstorbenen traten postwendend aus der Kirche aus. Ich hatte nicht nur falsch verstanden. Ich hatte seine Ehe-Sülze breit wiederholt. Er aber war offensichtlich ein Machtmensch und ein Ekel gegenüber der Verstorbenen.

Oder anders:

Wie oft drücken wir uns unglücklich aus, reagieren spontan ablehnend oder – auch das ist ein Problem – euphorisch zustimmend und einladend.

Ich hatte ein Mädchen im Kinderchor gelobt für seine freche Stimme. Mit dem Vater war ich befreundet. Nun erwartete sie, dass ich sie als Solistin für meine langsameren und ausdrucksstärkeren Lieder wählen würde. Eigentlich, auch wenn sie noch länger im Chor mitsang, löste sich das Problem bis heute nicht.

Menschen, das erlebe ich täglich, nehmen uns ernst. Das ist gut so. Und heisst nicht, dass wir alles, was wir sagen und wie wir uns äussern, vorher auf die Goldwaage legen. Auf die Gefahr hin, missverstanden zu werden, sage ich dennoch, was ich denke und wie ich fühle. Meine Ehrlichkeit lässt immer die Option offen, dass ich mich missverständlich ausgedrückt habe.

Ich lese

«Bist du es, oder bist du es nicht?» Die Frage des Täufers.
Wer bin ich, und wer bin ich nicht?

Richard David Precht fragt: «Wer bin ich, und wenn ja, wie viele?»
Er meint, wenn es um unsere Rollen im Leben geht, er träfe ins Schwarze.
Und trifft doch m. E. knapp daneben. Denn ich bin nie der oder die, die oder den ich darstelle. Ich bin auch nicht viele auf einmal. Ich bin vielleicht ein Wirrwarr an Angeboten. Doch nur die, die mich lieben, greifen ins richtige Fach.
Ich spiele Rollen – im Beruf, in der Familie, in der Freizeit und unter Freunden. Und doch bin ich ein kleines Ich, verstanden von ganz wenigen – wenn überhaupt. Einer mag sagen, er kenne mich. Er wird sich täuschen.
Dietrich Bonhoeffer fragt: Wer bin ich?
Ich muss seine Antwort nicht wiederholen. Wir kennen sie alle.
Ich bin ein Angebot an hoffentlich liebenswerten «Ausgaben» von mir selbst, der ich mich selbst kaum kenne.
Wir sollten – im Guten wie im Bösen – den Apostel Paulus ernst nehmen:
«Und ich weiss von diesem Menschen, dass er – ob im Leib oder ausserhalb des Leibes, weiss ich nicht, Gott weiss es – ins Paradies entrückt wurde und unsagbare Worte hörte, die kein Mensch aussprechen darf. Für den will ich mich rühmen; was mich selbst betrifft, will ich mich nur meiner Schwachheit rühmen. Wollte ich mich rühmen, würde ich damit nicht zum Narren, denn ich würde die Wahrheit sagen. Ich verzichte aber darauf, damit niemand mir mehr zuschreibt, als was er an mir sieht und hört – die Offenbarungen mögen noch so überwältigend sein. Darum wurde mir, damit ich mich nicht überhebe, ein Stachel ins Fleisch gegeben, ein Satansengel, der mich schlagen soll, damit ich mich nicht überhebe. Seinetwegen habe ich den Herrn dreimal gebeten, er möge von mir ablassen. Und er hat mir gesagt: Du hast genug an meiner Gnade, denn die Kraft findet ihre Vollendung am Ort der Schwachheit. So rühme ich mich lieber meiner Schwachheit, damit die Kraft Christi bei mir Wohnung nehme. Darum freue ich mich über alle

Schwachheit, über Misshandlung, Not, Verfolgung und Bedrängnis, um Christi willen. Denn wenn ich schwach bin, dann bin ich stark.»
(2Kor 12,3–10)
Ist er nicht durcheinander?
Sind wir nicht durcheinander?
Wie soll man uns nicht falsch verstehen, uns Durcheinander-Menschen?

Ich frage

Warum kann ich mich nicht verständlich machen?
Warum hören sie weg?
Komme ich ihnen zu nahe?
Bin ich zu weit weg von ihnen?
Rede ich unverständlich?
Zu laut, zu leise?

Ich entdecke

Sie hören auch anderen nicht zu.
Sie zappen durch die Kanäle im TV.
Ich weiss gar nicht, wo und warum sie hier oder dort anhalten.
Muss es Vertrautes sein?
Muss es ballern und explodieren?
Müssen es schöne Bilder sein oder grausame?
Muss es sie ablenken oder betreffen?
Auch ich wähle aus.
Ich wähle nach Themen, nach Überschriften, nach Reihen, die ich schätze.
Ich bevorzuge die eine Schauspielerin, den einen Schauspieler.

Ich bete

Mein Gott,
ich verstehe nicht,
warum sie mich nicht verstehen.
Spreche ich doch die gleiche Sprache.
Benutzen wir doch die gleichen Bilder.
Wie gelingt Verständigung
zwischen Menschen, die verschiedene Sprachen sprechen,
unterschiedliche Erfahrungen machen
und in verschiedenen Welten leben?
Hilf mir, ihnen offen zu begegnen,
auch wenn sie mich abweisen.
Stärke mich, nicht alles mir selbst
als Schuld anzurechnen,
ohne gleichgültig und ablehnend die schlechte Erfahrung
als «typisch für die» einzuordnen
und abzuhaken.
Gib du mir einen «Haken»,
der bei ihnen hält.

Ich gehe weiter

Es reicht vielleicht schon, wenn ich mit anderen im Dorf oder in der Stadt in die gleiche Sauna gehe. Das ist mutig. Die Kneipe vor Ort ist eher fremd. Aber der «Bürgerverein», die Interessensgruppe, der eine oder andere Verein – warum nicht?
Ich muss nicht immer im Kirchenchor singen, auch wenn ich mit meinem Tenor dort gebraucht werde. Der «Gemischte Chor Concordia» hat auch keine Tenöre. Die «Boule-Gruppe» sucht Interessierte und Amnesty international sucht Gleichgesinnte.
Ich muss aus meiner «Blase» heraus, um andere zu verstehen.

Mit anderen arbeiten

Ich erlebe

Ich habe sie um Mitarbeit gebeten. Aber sie ticken anders.
Ich hatte auf Unterstützung gehofft. Nun erlebe ich Widerspruch.
Ich war zu überheblich. Zu vorschnell.
Denn ihr Widerspruch war richtig, ihre andere Meinung war hilfreich.
Mehr und mehr entdecke ich: Sie arbeiten nicht gegen mich.
Wir arbeiten, denken und entscheiden gemeinsam.
Jede Erfahrung ist gefragt.
Das Wesentliche müssen mir eh immer andere sagen.
Sie stehen beim Sport am Rand, feuern an.
Sie sind im Beruf in leitender Position.
Sie sind Schöffe oder Marktfrau, Techniker und Zahnarzthelferin.
Ihnen begegnen Menschen anders als mir.
Ich möchte den Schatz ihrer Erfahrungen nicht mehr missen.

Ich lese

Pfarrerinnen und Pfarrer klagen, die Last sei zu schwer, die Arbeit zu viel, die Zeit und die Kraft reiche nicht. Zahlreich sind die «Burnouts». Das erinnert an Mose: «Mose aber hörte, wie das Volk weinte, eine Sippe wie die andere, ein jeder am Eingang seines Zelts. Und der Zorn des HERRN entbrannte heftig, und es missfiel Mose. Und Mose sprach zum HERRN: Warum gehst du so übel um mit deinem Diener, und warum finde ich keine Gnade in deinen Augen, dass du die Last dieses ganzen Volks auf mich legst? Habe denn ich dieses ganze Volk empfangen, oder habe ich es gezeugt, dass du zu mir sagst: Trage es an deiner Brust, wie der Wärter den Säugling trägt, in das Land, das du seinen Vorfahren zugeschworen hast?»

(Num 11,10ff.) Gott hat eine einfache Lösung: «Da sprach der HERR zu Mose: Versammle mir siebzig Männer von den Ältesten Israels, von denen du weisst, dass sie die Ältesten des Volks und seine Aufseher sind, und nimm sie mit zum Zelt der Begegnung, und sie sollen sich mit dir hinstellen. Dann werde ich herabkommen und dort mit dir reden und von dem Geist, der auf dir ruht, nehmen und auf sie legen, und sie sollen mit dir die Last des Volks tragen, so musst du sie nicht mehr allein tragen.» (Num 11,16f.)
Es müssen nicht nur Männer sein, und auch nicht Älteste. Jede Mitarbeiterin in der Jugendarbeit, jedes Teammitglied im Konfirmandenunterricht, jedes Mitglied im Besuchsdienstkreis ist ein grosser Schatz der Gemeinde.

Ich frage

Was kann ich tun, um noch mehr Mitarbeitende zu gewinnen?
Wo stehe ich mit meinen Ansprüchen möglichen Mitarbeitenden im Weg?
Wie kann ich deutlicher die Wertschätzung anderer Erfahrungen zeigen?
Wie können wir Qualifikationen fördern?
Finden wir gemeinsame Messlatten für «Erfolg», «Zustimmung» und «Wohlgefühl»?
Was kann ich in meinem Amt beitragen, damit die Mitarbeitenden Anerkennung spüren?

Ich entdecke

Im gegenwärtigen Orientierungsnotstand, in dem jeder für sich und mit sich allein wie auf dem Ergometer zu strampeln scheint, ist es wesentlich, aus dem je eigenen Hamsterrad – das kann sehr

oft auch ein Dienst in der Kirche sein – auszusteigen und anderen zuzuhören. Nicht wenige strampeln sich zu Tode.
Wir haben das Zuhören verlernt. Fast scheint es eine Zumutung zu sein, einem Zeitgenossen oder einer Zeitgenossin mehr als drei Minuten zuzuhören. Ich habe das bei vielen Beiträgen im Rundfunk erfahren: Mit dem Argument, Hörerinnen und Hörer könnten – nach «einschlägigen Untersuchungen» – nicht länger als drei Minuten konzentriert zuhören, wurden kirchliche Sendungen mehr und mehr gekürzt.
Vielleicht ist es ein Auftrag der Kirche heute, das Hören wieder zu üben. Und dabei sind es wahrscheinlich eher die Pfarrerinnen und Pfarrer, die bei dieser Übung viel lernen könnten.

Ich bete

Sie sind Schwestern und Brüder, nicht meine Handlanger.
Sie sind Engel der Gemeinde, nicht Boten des Pfarrers.
Sie sind deine Dienerinnen und Diener, nicht meine.
Ich stehe oft im Vordergrund.
Wehre meiner Überheblichkeit.
Sie arbeiten oft im Hintergrund.
Stärke meine Dankbarkeit.
Vieles liegt auf ihrer Schulter und manches lastet auf ihrer Seele.
Segne unseren Dienst.

Ich gehe weiter

An meinem «dienstfreien Sonntag» besuche ich den Gottesdienst der Nachbargemeinde.
Ich bitte Gemeindeglieder, auch Konfirmandinnen und Konfirmanden, bei einem «Abendgottesdienst» das ganze Markusevangelium

in der Kirche vorzulesen.

Ich lade ein zu vier Abenden im Advent «Bibel hören im Advent», bei denen lange Teile eines alt- oder neutestamentlichen Buchs, unterbrochen durch «Stille-Phasen», vorgelesen werden.

Ich versuche das seelsorgerliche «Spiegeln» (Habe ich Sie richtig verstanden, Sie meinen ...) in Gremien, die ich leite.

Ich bitte immer wieder einmal, wenn ich als Pfarrerin oder Pfarrer rechtzeitig mit der sonntäglichen Predigt fertig bin, ein Mitglied des Kirchengemeinderats oder einen Mitarbeiter / eine Mitarbeiterin um Randnotizen, Streichungen oder Ergänzungen. Freitagabends treffen wir uns zum Austausch. (Die Personen jeweils wechseln!)

Sterbende begleiten

Ich erlebe

Ich stehe an der offenen Tür ... Sie sagt: «Sagen Sie ihm bitte nicht, wie schlecht es ihm geht. Er hat Krebs im Endstadium und weiss es nicht.» Wir feiern ein letztes Abendmahl. Es liegt ein eigenartiges Schweigen über dem Miteinander.
Ich besuche das Frühchen in der Klinik; bin «vorgewarnt» und gebeten zu kommen. Das Kind im Brutkasten ist winzig, kaum entwickelt. Welche Krankheit auch immer – es wächst nicht mehr. Ärzte und Eltern haben mich gebeten, das Kind zu taufen. Es ist Himmelfahrt. Nach dem ökumenischen Gottesdienst fahre ich in die Stadt. Ich taufe, nenne den Namen, segne und bete. Nehme die Eltern in den Arm. Dann werden die Apparate abgeschaltet. Stille.
Er war ein junger Kerl. Seine Schwester ist eben Konfirmandin. Da rennt er sich auf einem Motorroller ohne Fremdverschulden den Schädel ein. Nun liegt er in der Klinik. Die Eltern haben meinen Namen genannt. Die Ärzte nehmen Kontakt mit mir auf. Sie möchten, dass ich sie dabei unterstütze, dass die Eltern des 16-Jährigen einer Organentnahme zustimmen.
Gemeindeglieder, die mit deutlich geäusserten Suizidgedanken in mein Pfarramt kamen, brachte ich nach einem ausführlichen Seelsorgegespräch mit meinem Wagen in das nahegelegene Psychiatrische Zentrum. Dazu war nur eine einfache Vereinbarung nötig. Ich hatte an vergleichbarer Stelle meine Grenzen erkannt.

Ich lese

«Und Gott schuf den Menschen als sein Bild, als Bild Gottes schuf er ihn; als Mann und Frau schuf er sie.» (Gen 1,27)

«Da bildete der HERR, Gott, den Menschen aus Staub vom Erdboden und blies Lebensatem in seine Nase. So wurde der Mensch ein lebendiges Wesen.» (Gen 2,7)

«Verbirgst du dein Angesicht, erschrecken sie, nimmst du ihren Atem weg, kommen sie um und werden wieder zu Staub.» (Ps 104,29)

«Nackt bin ich gekommen aus dem Leib meiner Mutter, und nackt gehe ich wieder dahin. Der HERR hat gegeben, der HERR hat genommen, der Name des HERRN sei gepriesen.» (Hiob 1,21)

Für die Bibel alten wie neuen Testaments ist es keine Frage: Gott schenkt Leben und nimmt es wieder. Geburt, Lebenslauf und Tod liegen in seiner Hand.

Doch reicht das heute, wo Kinder in vitro gezeugt, Organe transplantiert werden und Schwerstkranke ohne Familie und Hoffnung auf Besserung sterben?

Ich frage

Eigentlich hat Unsereins wenig zu tun mit solch schwierigen Fragen, vor denen Ärzte mehr und mehr stehen. Dabei geht es weniger um den Lebensanfang als um das Lebensende. Es gelten dabei in den vergleichbaren europäischen Ländern verschiedene Regeln. Sie alle nehmen die lebens- und sterbensentscheidende Frage nicht leicht.

Können wir mehr, als den Entschluss eines Menschen, sein – wie auch immer entsetzlich erlebtes – Leben zu beenden, zu bedauern und zu betrauern? Ja, wir können. Wir können es nicht allein. So wie die verschiedensten Einflüsse (Krankheit, Einsamkeit, Verlassenheit, Alter, multiples Scheitern …) zu Suizidgedanken führen, so müssen die verschiedensten Berufe (Arzt, Therapeutin, Sozialdienste, Pfarrerin, Besuchsdienste, Ämter …) zusammenarbeiten. Mir ist der Gedanke fremd, einen suizidalen Menschen sich selbst

oder gar geschäftsmässigen Anbietern von Hilfe, dies gilt auch für Anbieter ohne pekuniäre Interessen, aber mit ideologischem Impetus, zu überlassen.
Ganz ausgeschlossen ist für mich als Christ eine «Tötung auf Verlangen», die in manchen europäischen Ländern ungestraft möglich ist. Wird dort auch das «Hochamt der Autonomie», die «Freiheit zum Tod» gepriesen, so ist dieser Anspruch für mich eine Verkehrung des Freiheitsgedankens. Aus der Triade «Freiheit, Verantwortung, Schuld» die nach dem Neuen Testament den Menschen kennzeichnet, ist dabei sowohl die Verantwortung des/der Betreffenden ausgeklammert, wie auch die Verantwortung der christlichen Gemeinde. Das gilt eben auch für den in der Schweiz akzeptierten und zahlenmässig kontinuierlich ansteigenden «assistierten Suizid».

Ich entdecke

Gebündelt und in allen mir bekannten «Fällen» hilfreich ist die Therapie am Lebensende. Dafür gibt es in den Krankenhäusern bestens ausgestattete Palliativstationen mit den entscheidenden Kontakten zu den oben genannten – unbedingt zu beteiligenden – Berufen und Diensten.
Mit grosser Hochachtung konnten wir seit Ende der 1960er Jahre die Idee der Hospizbewegung erleben und begleiten. In Deutschland gibt es rund 330 Palliativstationen, rund 1 500 ambulante Hospizdienste, ca. 260 stationäre Hospize für Erwachsene sowie 19 stationäre Hospize für Kinder. Die Schweiz verfügt über 375 Spitalbetten für spezialisierte Palliative Care. Dort ist es medizinisch wohl geklärt, dass nichts mehr gegen die Krankheit, aber eben noch viel für den Patienten getan werden kann. Dazu gehört eben auch, das Sterben zuzulassen und die Sterbenden mit Liebe, Kontakten, Gebet und Würde in ihren letzten Tagen zu begleiten.

Ich bete

Treuer Gott,
Sterben macht Angst. Einsames Leben macht Angst.
Schmerzen machen Angst. Alleingelassen sein macht Angst.
Nimm dem Sterben die Angst.
Schenke Nähe.
Wir sind das Loslassen nicht gewöhnt.
Lieben, festhalten, beharren – das haben wir gelernt.
Das Geliebte hergeben, das hat uns niemand beigebracht.
Unsere Endlichkeit ist uns bewusst.
Wir kennen unsere Grenzen.
Gib denen, die uns in guten Zeiten geliebt haben,
die Geduld, die Liebe und Kraft, unser Sterben achtsam und in Liebe zu begleiten.
Herr Jesus Christus, schenke uns Vertrauen in die, die uns begleiten aus der Familie, aus dem Freundeskreis und von den Ärztinnen und Ärzten.
Nimm uns die Angst, öffne du uns die Tür, lass uns deine Liebe spüren in unseren Grenzen.
Sei du unser guter Herr im Leben und im Tod.

Ich gehe weiter

Mehr als 120 000 Menschen engagieren sich in Deutschland ehrenamtlich, bürgerschaftlich und hauptamtlich in der Hospizhilfe.
Der Hospizgedanke bewegt mich, seit ich zum ersten Mal einen Pass zwischen Deutschland und der Schweiz überquert und das Grosse Sankt Bernhard Hospiz gesehen habe. Welche Anstrengungen waren in dieser Höhe nötig, um Menschen eine Herberge zu geben?
Ich möchte werben für den Hospizgedanken.
Heute sind die dafür nötigen Anstrengungen viel geringer. Allerdings ist eine kompetente Ausbildung Voraussetzung – und das

Gebet der Gemeinde.
Fehlt der Rückhalt des Gemeindegebets, ist die Hospizhelferin allein gelassen.
Getragen vom Gebet anderer findet sie selbst zu der Ruhe, die am Bett eines Sterbenden wesentlich ist.

Echt oder «Rolle»?

Ich erlebe

Man misst uns daran, wie wir «wirken».
Sind wir «echt» oder spielen wir eine «Rolle», die man natürlich in den verschiedensten Ausbildungen erlernen kann:
«Tröster», «Zuhörerin», «Organisator», «Redner», «Bedenkenträgerin», «Besucher», «Liturgin», «Erzähler», «Freundin», «Prediger», «Rechner», «Verhandlerin», «Begleiter», «Türöffnerin», «Weiser», «Erfahrene», «Helferin», «Spendensammler», «Kontaktmensch», «Schlichter», «Lehrerin», «Erzieherin», «Teamer» …
Ich weiss, wie wichtig es z. B. «auf der Kanzel» ist, dass der Körper spricht, der Gesichtsausdruck, die stimmig eingesetzten Gesten. Wie kleine Gesten der Hände ebenso aussagekräftig sein können wie ein zögernd vorgetragener Gedanke oder eine Pause. Pfarrerinnen und Pfarrer werden rhetorisch geschult, gibt es doch nichts Langweiligeres als eine monoton vom Manuskript abgelesene Predigt.

Ich lese

Ich lese als Warnung bei Eduard Thurneysen: «Deshalb braucht es nicht beredtere, gewandtere, gebildetere Pfarrer, aber, sagen wir kurz, demütigere Pfarrer, Theologen, denen es wirklich um Gotteserkenntnis zu tun ist, und denen es darum auch wenig ausmacht, um ihres aus dieser Erkenntnis fliessenden und darin gegründeten kühnen, kindlichen, in den Himmel greifenden Glaubens willen die ‹Dümmlinge der menschlichen Gesellschaft› zu heissen. Und nicht Gemeinden braucht es, die von ihren Predigern immer gesteigerte Leistungen verlangen, weil sie nie genug bekommen an Andacht, Erbauung und geistreichen Worten, aber Gemeinden, die mit eintreten in das Ringen um das lebendige Wort Gottes, die mitleiden unter der inneren Not des Christentums und mithoffen auf den anbrechenden Gottestag der Hilfe. Es braucht gerade das, was wir heute so tief beklagen möchten: den Bankrott der Kirche, das an die Wandgepresstsein des ‹Christentums›, den Stillstand unserer Missions-, unsrer Vereins- und Liebeswerke, den Zusammenbruch unserer Lebensreformen, das Misslingen unsrer Weltallianzen, damit endlich wir selber stillestehen vor Gott, damit es endlich in unsre Ohren kommen kann, was er geredet hat: ‹Ich bins, der Gerechtigkeit lehrt und ein Meister ist, zu helfen. Ich trete die Kelter allein und ist niemand unter den Völkern mit mir.›»[25]

Ich frage

Kann ich die «Rolle» ablegen beim Gespräch, auf der Kanzel, vor dem Altar?
Warum fällt es mir schwer, die eingeübten Rollen sein zu lassen?
Warum sage ich nicht bei der Lesung z. B.: «Paulus hat uns geschrieben, ich lese euch mal vor.»
Oder bei der Beerdigung eines Kindes: «Darf ich mich eine Weile zu euch setzen und mit euch trauern, bevor ich versuche, euch den Trost des Evangeliums zuzusprechen?»
Oder bei der Trauung: «Vergesst das Ambiente. Vergesst die Location. Schaut euch noch mal tief in die Augen. Ich drehe mich solange zum Altar und bete für euch.»
Warum fällt es uns schwer, «aus der Rolle zu fallen», Unerwartetes zu tun oder zu sagen?
(Mit Sicherheit wird man später genau davon erzählen, mit Dankbarkeit und Hochachtung!)

Ich entdecke

Ich habe den Talar als Hilfe entdeckt auf dem Friedhof.
Der Altar kleidete mich nicht nur, er gab mir eine Rolle.
Eigentlich wollte ich auf jeden Talar verzichten.
Dann war ich dankbar für seinen Schutz.
Rollen schützen.
Sie schützen nicht vor Echtheit.
Sie schützen vor Überheblichkeit.
Rollen oder Talare sind Zeichen der Demut.
Wer sie als Zeichen der Macht versteht, wird über den Saum des Talars stolpern.

Ich bete

Jesus Christus, wir tun uns schwer mit all den guten Eigenschaften: Geduld, Sanftmut, Demut.
Wir hören wohl.
Wir verstehen auch.
Wir wollen nicht.
Die Demütigen machen sich klein, lassen sich die Butter vom Brot nehmen,
kommen meist einen Schritt zu spät und haben trotzdem noch ein gutes Wort.
Lehre uns erkennen, dass das deine Art ist.
So bist du. Du machst dich klein.
Du lässt dich auf Lügner ein.
Du fällst uns nicht ins Wort.
Du bist demütig.
Nicht anders fänden wir Ruhe für unsere Seelen.

Ich gehe weiter

Ich will nicht dazwischenreden, wenn sie erzählen.
Ich schaue nicht auf die Uhr, wenn sie beichten.
Ich denke nicht an den nächsten Termin, wenn sie den Mantel ausziehen.
Ich will mich bemühen, hautnah bei ihnen zu sein.
Ich lege Wert darauf, zu bleiben.

«Queer» und ich?

Ich erlebe

Zwei Männer wollen heiraten. In der Kirche. Mit kirchlichem Segen. Was vor Jahren noch undenkbar war, ist heute möglich – und nicht einmal mehr ungern gesehen.
Ich weiss, manche in der Gemeinde «sehen das nicht gern».
Ich sehe in den Nachrichten elende Verfolgungen und Verachtungen bis hin zu Gefängnis und Todesstrafe für Menschen, die «anders» sind.
Ich bin dankbar, dass das bei uns anders ist. Und spüre doch die nicht geäusserten Widerstände gegen gleichgeschlechtliche Ehen, gegen Adoptionen gleichgeschlechtlicher Paare. Spüre, wir sind mitten im Umbruch. Was die Bibel noch verurteilt hat, wird heute noch nicht akzeptiert, aber toleriert.
Wir sind einige Jahrhunderte weiter als die Bibel. Unsere Kenntnis ist weiter. Weder sind Homosexualität noch Transsexualität eine Krankheit, was fälschlicherweise häufig behauptet wird.
Die «Normen» sind weiter.
Damit sind die Segenszusagen weiter zu fassen, die «Betroffenen» nicht zu bemitleiden oder gar zu therapieren. Sie sind wie du und ich. Nur eben anders.

Ich lese

Der «Aktionsplan der Bundesregierung für Akzeptanz und Schutz sexueller und geschlechtlicher Vielfalt» sagt:
Alle Menschen sollen gleichberechtigt, frei, sicher und selbstbestimmt an der Gesellschaft teilhaben. Damit dies auch für Lesben, Schwule, Bisexuelle, trans- und intergeschlechtliche sowie andere

queere Menschen (LGBTIQ+) möglich ist, sieht sich die Bundesregierung in der Verantwortung für eine aktive Politik gegen Diskriminierung und für die Akzeptanz sexueller und geschlechtlicher Vielfalt.

Um Queerfeindlichkeit entgegenzuwirken, verabschiedet die deutsche Bundesregierung einen bundesweiten Aktionsplan für Akzeptanz und Schutz sexueller und geschlechtlicher Vielfalt.

Er enthält Empfehlungen für Massnahmen in sechs Handlungsfeldern (Rechtliche Anerkennung, Teilhabe, Sicherheit, Gesundheit, Stärkung von Beratungs- und Communitystrukturen, Internationales).

Ich frage

Wie nehmen wir «queere» Menschen in unsere Mitte? Sie dürfen nicht aussen stehen, sonst brechen sie zu leicht weg.

Gibt es – trotz aller kulturellen und zeitgeschichtlichen Bedingtheit ein biblisches Verständnis für «queere» Menschen – oder müssen wir es neu schreiben und damit die Bibel aktualisieren?

Was geht in dir, in mir vor, wenn wir mit ungewohnten Beziehungen zu tun haben?

Ich entdecke

«Queer» muss nicht schrill sein. Schrilles verstört mich, stösst mich ab. Um «Christopher Street Day»-Umzüge, so bunt sie auch sein mögen, würde ich einen Bogen machen.

Nicht aber um wie auch immer «queere» Menschen. Sie sind mir ebenso willkommen wie jeder andere Mitmensch. Eine von meiner sexuellen Neigung abweichende Lebensform hindert mich nicht, der gegenseitigen Liebe und dem tiefen Vertrauen mit Achtung zu begegnen. Kirchlicher Segen darf m. E. nicht versagt werden.

Ich bete

Um deinen Heiligen Geist
bitte ich dich, Gott.
Wir haben noch so viele zu überzeugen.
Lass uns an der Seite derer stehen, die anders sind als wir.
Fremde aus anderen Kulturen
und Fremde aus der eigenen Kultur.
Homosexuelle, Transsexuelle,
Menschen, die ihre Zuneigung und Liebe
anders leben als wir.
Beschütze sie vor Anfeindung.
Schenke ihnen die Liebe, die sie untereinander spüren.
Wir bitten für Schwule und Lesben,
wir wissen, dass die Bezeichnung Wunden zufügen kann.
Uns ist die Verwundung fremd.
Sie gehören zu uns, in die Mitte unserer Gemeinde.

Ich gehe weiter

Ich bin und war nicht queer.
Und doch bin und war ich anders als andere.
Ich habe mich in meiner Sexualität unterschieden.
Ich habe mich wahrscheinlich nicht in meinen Bedürfnissen unterschieden, nur in der Art ihrer Befriedigung.
Ich bin weder ein Mönch noch ein Triebtäter.
Und dennoch unterscheide ich mich.
Ich werde mich auch in Zukunft unterscheiden.
Ich will alle, die anders sind und leben als ich, achten.
Meine Achtung hat dort ihre Grenzen, wo Macht und Gewalt die Freiheit eines Menschen bedrohen oder ausschalten.
Meine Grenzen sind keine ideologischen.

Wo bleibe ich bei alledem?

Ich erlebe

Er fragt mich – therapeutisch geschult: «Wieviel Zeit haben Sie eigentlich in den letzten Monaten für sich und mit sich selbst verbracht?» Ich zögere bei meiner Antwort. Ja, ich fand es eigentlich immer gut und wichtig, zuerst an die anderen zu denken – beim Tun wie beim Gebet. Ich dachte immer zwei oder drei Schritte weiter, sah die Folgen – für die anderen. Fand mich dabei eigentlich okay.

Entscheidend allerdings ist, das wird mir beim Gespräch klar, dass ich sehr oft mich über andere finde und definiere. Ihr Lob, ihre Anerkennung, ihr Zuhören, ihre Aufmerksamkeit stärkt mein Selbstbewusstsein. Bin ich also nicht «altruistisch», sondern spekuliere auf mein Ego?

Doch der Fragende will mich nicht entblössen, mich nur darauf aufmerksam machen, dass die mangelnde Zeit für mich selbst – (und wer bin ich «für mich selbst» eigentlich?) – eher ein Zeichen meiner unnötigen Selbstunsicherheit ist.

Und so frage ich mich: Wer bin ich eigentlich? Oder noch ernsthafter: Was ist der Sinn meines mittlerweile 75-jährigen Daseins? Und wann kann ich die Hände in den Schoss legen? Und was ist dann?

Wenn einer sagt «Ich bin ...», dann hat das eine biblische Dimension. Wer das Neue Testament gelesen hat, assoziiert sofort die sieben «Ich-bin»-Worte Jesu im Johannesevangelium. Doch das Ganze hat jüdische Quellen:

«Ein verlorener Aramäer war mein Vater, und er zog hinab nach Ägypten und blieb dort als Fremder mit wenigen Leuten, und dort wurde er zu einer grossen, starken und zahlreichen Nation.» (Dtn 26,5)

Daneben so viele «Ich-bin»-Worte aus der jüdischen Bibel. Worte von Abraham, von Mose, von Josua, von den Propheten. Sie haben

sich gestellt, haben sich nicht medienwirksam – oder doch? – untergehakt. Hatten keine Fernsehminuten. Wurden ins Licht gestellt. Hatten nicht die Leuchten der Medien. Nur das Licht der erzählenden Worte. Vielleicht auch die eigenen, überlieferten Worte.
Was meint ein Mensch der Bibel, wenn er «ich bin» sagt?
Ich bin einer wie du.
Ich bin einer unter vielen anderen.
Ich bin ein Bild für den Menschen.
Ich bin ein Bild für Gott.
Ich stehe ein.
Ich warte.
Ich bin ein Christ.
Ich glaube an Jesus, von Gott gesandt.
Ich bin ein Jude.
Ich warte auf den Messias.
Ich bin ein Moslem. Ich glaube an den einzigen Gott?
Ich bin gerne einer, der «ich» sagt und schreibt.
Ich bin in viele Länder gereist. Kenne den Islam von Reisen in zahlreiche islamische Länder.
Ich habe mich in einer Autobahnmoschee zwischen Kairo und Alexandria mit Gamal niedergekniet und in grosser Ruhe gebetet. Ich habe nicht nur beim Fastenbrechen die Moschee in Wiesloch besucht, hatte dort meine Ecke neben einer Säule, betete wie die anderen Richtung Osten – das Unservater, den Psalm 23 und viele persönliche Gebete. In unserer Wohnung in Dielheim hängt ein geknüpftes Bild aus Mekka, das mir einer der vielen Hodschas mitgebracht hat und zu meiner Verabschiedung als Gemeindepfarrer überreichte.
Ein anderer Hodscha hat mir ein Säckchen mit Steinen, die man in Mina auf den Teufel wirft, von seinem Haddsch mitgebracht.
Ich muss nicht Charlie sein. Ich darf echt sagen: Ich bin …
Und dann bleiben.
Oder gehen.

Oder mich unterhaken mit Fremden.
Oder träumen vom Frieden.
Oder mit den Enkeln spielen.
Oder die Tür hinter mir schliessen.
Oder die Glocken läuten.
Oder in der Tafel teilen, was andere mit uns geteilt haben.

Ich lese

Unzählige andere stellen die Frage: Wer bin ich?
Auch Menschen der Bibel stellen diese Frage, sind sich ihrer nicht sicher.
Nicht nur Jesus bei der Jüngerfrage (Lk 9,18): «Und es geschah, als er für sich allein betete und nur seine Jünger bei ihm waren, dass er sie fragte: Für wen halten mich die Leute?» Oder bei der eher öffentlichen, eigentlich nachvollziehbaren Nachfrage: «Da sagten sie zu ihm: Wer bist du? Jesus sagte zu ihnen: Was rede ich überhaupt noch mit euch?» (Joh 8,25)
Nicht erst Martin Buber hat die philosophisch und theologisch lebensentscheidende Frage nach dem Verhältnis von «Ich» und «Du» gestellt:[26]
«Es gibt kein Ich an sich, sondern nur das Ich des Grundworts Ich-Du und das Ich des Grundworts Ich-Es. Wenn der Mensch Ich spricht, meint er eins von beiden. [...] Ich sein und Ich sprechen sind eins.»[27]
Und natürlich sind da all die theologisch wichtigen Einwürfe von den Schöpfungserzählungen (fast aller Kulturen) bis zur Offenbarung des Johannes, bei der viele angesprochen sind, aber einer antwortet.

Ich frage

Warum fragt ein «Ich» bei seiner Selbstvergewisserung erst nach dem «Du»?
Sie sagen, keiner sei eine Insel. Ja. Aber warum tun so viele so, als seien sie eine Insel? Braucht ein Mensch den anderen, um sich seiner selbst gewiss zu sein?
Braucht ein Mensch die Stille und die Einsamkeit, die Wüstenmönche gesucht und oft gefunden haben?
Braucht ein Mensch das aus der Stille kommende Gespräch mit Gott?
Braucht ein Mensch neben guten Worten auch ein Gespür für Nähe und Anerkennung?
Ist Anerkennung, erst recht Liebe, der Weg zu mir selbst?
Wer bin ich «ohne»?
Wer bin ich «mit»?
Wer bin ich eigentlich?

Ich entdecke

Peter Janssens und Friedrich Karl Barth haben es musikalisch einfach auf den Begriff gebracht: «Einsam bist du klein. Aber gemeinsam werden wir Anwalt des Lebendigen sein ...»[28]
Ich habe in meinen Liedermacher-Zeiten ein vergleichbares Lied geschrieben:
«Einer geht zaghaft, ein zweiter geht mit, und sie begegnen sich, seid ihr zu dritt. Drei für die Zärtlichkeit und drei für einen Traum, drei für ein Spiel und weiten Raum. – Einer singt leise, ein zweiter singt mit, du hörst sie singen, dann singt ihr zu dritt. Drei für ein Wiegenlied und drei für einen Chor, drei öffnen vielen Mund und Ohr. – Einer lacht zögernd, ein zweiter lacht mit, du schaust den beiden zu, lacht ihr zu dritt. Drei für die Fröhlichkeit und drei für

neuen Mut, drei, und ihr Lachen tut so gut. – Einer sagt «Gott» und ein zweiter hört zu, Gott ist der dritte, der zweite bist du. Hör auf den Einen und geh' mit ihm deinen Weg. Er ist die Hand, die alle trägt.»[29]

Wer bin ich? Ein auf Liebe, Nähe, Fürsorge, Wärme und Verlässlichkeit angewiesenes kleines Wunder aus etwa 40 Millionen Möglichkeiten. Den 40 Millionen Spermien eines Manns im besten Alter stehen etwa 300 000 Eizellen einer Frau gegenüber.

Und wenn Sie nicht schon jetzt von einem «Wunder» reden, das Sie sind, das ich bin, das jede und jeder von uns ist, dann haben Sie sich verabschiedet vom Staunen. Denn berechnen und wissen und messen, gar «ausrechnen», «beweisen» oder «belegen» lässt sich da nichts. Erst wenn aus den 40 Millionen und den 300 Tausend eins wird, bist du, bin ich das Ergebnis von 120 Milliarden Möglichkeiten.

Ich bete

Gott, es ist eigenartig:
Ich muss immer wieder aufbrechen, um anzukommen.
Ich brauche Umwege.
Ich bin auf andere angewiesen.
Auf deinen Heiligen Geist.
Ich bin stark. Habe ich mir immer gesagt.
Ich stecke das weg. Alles braucht seine Zeit.
Gott, du kennst die Sprüche,
mit denen man sich selbst Mut macht.
Kalenderblätter mit aufmunternden Worten,
Bücher mit guten Gedanken.
Allein, wenn ich mir diese guten Sätze immer selber sage,
bringt mich das keinen Schritt weiter.
Du verstehst.

Ich bin stark. Habe ich mir immer gesagt.
Aber jetzt reicht das nicht mehr.
Ich brauche einen Menschen, der mich umarmt.
Sie tun das Nötige.
Aber das reicht mir nicht zum Leben.
Ich möchte geliebt werden.
Verstehst du?

Ich gehe weiter

Ich werde nicht allein gehen.
Ich will Fragen teilen und Erfahrungen.
Ich will andere Wege wertschätzen.
Ich weiss, die Wahrheit eines Lebens findet sich nicht auf Linien und kleinen Karos.
Ich will mich öffnen für alles, was mir fremd erscheint.
Nein, nicht für alles.
Ich will gemeinsam mit anderen prüfen, was taugt.
Und dann mich trennen von allem, was mich festhält und bindet.
Ich will offen sein für die Begegnung mit Gott.
Ich will den kleinen Spalt im Beton, aus dem der Löwenzahn neugierig wächst, nicht übersehen.
Ich will für die Überraschung meines Lebens offenbleiben.
Gott.

Ich bin verzweifelt

Ich erlebe

Früher war alles leichter.
Die Predigten flossen mir aus der Hand, die Gebete stellten sich von selbst ein,
Konfirmanden hatten ihren Spass mit mir und Menschen suchten meinen Rat.
Nun halte ich alte Predigten, suche verzweifelt nach Worten, die zu Gebeten taugen, der Unterricht wird mir und ihnen zur Qual.
Es gelingt nicht mehr, was einmal gelungen ist.
Ich möchte ihre Umwege verstehen.
Möchte ihren Schwächen dienen.
Mir fehlt ihre Handynummer, der Schlüssel zu ihren Ängsten und ein Wörterbuch für die Sprache ihrer Seele.

Ich lese

«Hilf mir, Gott, das Wasser steht mir bis zum Hals. Ich bin versunken in tiefem Schlamm, wo kein Grund ist. In Wassertiefen bin ich geraten, und die Flut reisst mich fort. Ich bin erschöpft von meinem Rufen, meine Kehle brennt, meine Augen ermatten, da ich harre auf meinen Gott.» (Ps 69,2–4)
Burn-out unter Pfarrerinnen und Pfarrern, Diakoninnen und Diakonen nimmt zu. Wir sehen wachsendes Elend und erkennen schwindende Mittel. Wir spüren eigene Grenzen und hören/lesen grosse Verheissungen.

Ich frage

Wo sind die «Highlights» meines Tuns?
Ich hatte mir doch so viel vorgenommen!
Soll ich die Stelle wechseln?
Wird es dann leichter, besser?
Wer wären die neuen Kolleginnen und Kollegen?
Was wird mit den Kindern, die hier ihre Freunde haben?
Weiche ich den Problemen aus?
Nehme ich meine Schwächen mit an eine neue Stelle?
Bin ich selbst das Problem?

Ich entdecke

Noch einmal lerne ich von Simone Weil: «Es liegt in unserer Natur, dass wir das Leiden fliehen und die Lust suchen. Das ist der einzige Grund, warum die Freude zu einem Gleichnis des Guten und der Schmerz zu einem Gleichnis des Bösen dient. Daher die bildlichen Vorstellungen von Paradies und Hölle. Tatsächlich aber sind Lust und Schmerz ein unzertrennliches Paar.»[30]

Es gibt Gesprächspartner und kompetente Hilfen. Die Kirchen kennen mein Problem. Es geht nur darum, mich jetzt zu outen, die Gefälligkeiten nicht mehr mitzumachen und meine Verzweiflung an der richtigen Stelle zu äussern.

Ich bete

Mein Gott,
ich bin verzweifelt.
Ich habe dich verloren.
Ich sehe keinen Sinn mehr in meinem Tun.

Alles misslingt.
Meine Familie geht auf Distanz.
Nachts kann ich nicht schlafen und am Tag nicht arbeiten.
Wenn es an der Tür läutet, schrecke ich zusammen.
Den Telefonhörer nehme ich nicht ab.
Mein Gott, ich bin verzweifelt.
Meine Seele ist wund, mein Körper müde,
mein Kopf leer.
Greif ein.
Zieh mich heraus.
Rette mich, bevor ich mich vergesse.

Ich gehe weiter

Ich bin nicht das Problem.
Ich ziehe mir die Narrenkappe nicht über.
Ich spüre Kraft in mir.
Ich knicke nicht ein.
Ich muss nicht alles ...
Aber ich kann vieles ...
Und – noch – glaube ich ...
Echt!

Einsamkeit im geistlichen Beruf

Ich erlebe

Am Ende bin ich doch einsam. Stehe mit meiner Entscheidung, mit meinem Glauben, mit meinem «Bekenntnis» wohl umgeben durch die Gemeinde, aber am Ende doch allein da.
Sei es, weil sie im Kirchengemeinderat schauen, ob ich die Hand hebe bei der Abstimmung.
Sei es, weil ich verantworten muss, was ich auf der Kanzel sage, beim Gebet spreche oder auf dem Friedhof über eine Verstorbene oder einen Verstorbenen sage.
Sei es, wenn ich beim Joggen im Wald höre: «Ja, Pfarrer müsste man sein.» Oder wenn jemand über den Anrufbeantworter schimpft: «Ja, Pfarrerin müsste man sein.»
Sei es, dass Kinder und Jugendliche fragen: «Im Ernst? Glauben Sie das?» Wenn mein «Bekenntnis» auf wackligen Füssen steht und doch Bestand haben muss.
Sie fragen nicht: «Was glauben X, Y oder Z.» Sie fragen: «Was glauben Sie? Was glaubst du?»

Ich lese

Ich lese die Petrusfrage. Ich lese sie mehrmals.
Jesus fragt: Wer bin ich? Oder: «Für wen haltet ihr mich?» (Mt 16,15)
Petrus antwortet, spontan, wie er nach den Evangelien ist: «Du bist der Messias, der Sohn des lebendigen Gottes!» (Mt 16,15f.)
Nach dem letzten Mahl wendet sich Petrus gegen jedes Im-Stich-Lassen Jesu: «Ich nicht!» (Mk 14,29)
Dann verdrückt er sich aus verständlicher Angst mehrmals (Joh 18,25ff.): «Ich nicht!»

Ich frage

Wenn die Evangelien – und Jesus selbst – den, der etwas grossspurig daherkommt und ewige Freundschaft schwört, schliesslich zum Felsen erklären, auf dem die Kirche ruht, dann liegt doch auch in meiner Einsamkeit eine Verheissung.
Gibt es ein Ordinationsversprechen der Gemeinde? Hat ihr das jemand so deutlich gesagt?
Hat nicht das Gremium des Kirchengemeinderats / der Ältesten nach Predigt und Gespräch meiner «Berufung» zugestimmt?
Darf ich die «Gemeinschaft der Heiligen» reklamieren, wenn es um meine Einsamkeit im Amt geht?
Sie vertrauen mir Jugendliche oder Senioren an und sind froh, wenn ich eine entstandene Lücke fülle.
Wer betet für mich?
Für wen bete ich?

Ich entdecke

Meine «Einsamkeit» ist meist eine «Überlastung». Termine häufen sich, zu denen ich für die Betroffenen Wesentliches sagen soll. Mir gehen die Worte aus und niemand springt ein.
Ich fühle mich gelegentlich «depressiv». Auch andere in vergleichbaren Berufen spüren Depressionen. Ich muss mich nicht schämen.
Ich bin «eigentlich» nicht allein, eher überfordert.
Ich darf «Dienste» ablehnen.
Ich bin in bestimmten Situationen überfordert. Ich rede mit anderen darüber. Ich rede mit Vorgesetzten darüber.
Ich brauche eine Auszeit, bei der man mich helfend begleitet. Das ist keine Schande, sondern eine Chance.

Ich bete

Barmherziger Gott,
niemand will meine Fragen teilen.
Ich habe Antworten auf Fragen, die keiner stellt.
Jeder in der Familie geht eigene Wege.
Freunde haben Termine und Kollegen ein wichtiges Gespräch auf der anderen Leitung.
Anrufbeantworter sprechen mir Hohn, aber alle sind freundlich.
Mitten im Getriebe, mitten im Erfolgsland, mitten im Verkehr bin ich allein.
Ist das, Gott, jetzt deine Mailbox oder bist du in der Leitung?

Ich gehe weiter

Meine Kirche bietet «Auszeiten» an. Ich will sie wahrnehmen.
Meine Kirche hat ein «Personalreferat». Ich bitte um einen Termin und bereite mich darauf vor, ehrlich zu sein und meine Grenzen zu benennen.
Ich spreche unter Kolleginnen und Kollegen das Thema «Einsamkeit» an und bitte um aufrichtiges Miteinander.
Der Anrufbeantworter ist keine Lösung. Er überbrückt allenfalls mein «Gefragt-Sein».
Ich übe, «nein» zu sagen.
Ich lerne, zu delegieren bzw. andere um Hilfe und Rat zu bitten.
Ich entscheide mich für eine «Supervision».

... und dann?

Ich erlebe

Es gibt nichts, was bleibt, sagen sie. Und kosten aus, was das «Jetzt», oder noch abgedroschener «das Hier und Jetzt» zu bieten hat. Ich mache daraus keinen Vorwurf, ich bin eher darüber traurig.

Es scheint uns nicht mehr zu gelingen, den Stein über die Horizontlinie zu werfen. Es scheint uns nicht mehr zu gelingen, die Eschatologie – das Reden und Denken über die Ewigkeit und uns und Gott und seinen Christus in die Gegenwart zu holen. Man sprach von den «Letzten Dingen» und nannte dabei vor allem vier: Tod, Gericht, Himmel oder Hölle.

Frage: Wo bleibe ich nach meinem Tod? Was wird aus denen, die ich geliebt habe? Was kommt «danach»?

Alle und alles scheint auf die «Verwirklichung der Träume» eben «hier und jetzt» fokussiert. Mit Stoppuhr, Massband und «body mass index» begegnet man dem Alter, das nicht mehr als der Höhepunkt des Lebens und die Dichte der Erfahrungen (Weisheit), sondern als möglichst lange hinauszuschiebende Zeit des Elends empfunden wird: «Alt werden will jeder. Alt sein will keiner.» So etwa der Volksmund.

Und «danach» ist eh kein Thema mehr, eher – solange man gesund ist – ein verlegenes Spässchen wert. Träumen die einen davon, in den Armen einer schönen Frau zu sterben, fürchten andere, im Sarg noch einmal aufzuwachen.

Kirche tut sich dort, wo es kein «Wort» gibt, schwer mit einer «Antwort». Wird ein hilflos gefragtes «Leben nach dem Tod» zum «Wort», dann haben wir wenig zu bieten. Denn die biblisch verantwortete Antwort ist nach 2 000 Jahren Theologiegeschichte so komplex wie ein schwieriges Sudoku, so unverständlich wie eine antike Inschrift und so eine Zumutung wie die 14 Bde. Theologie Karl Barths in meiner Bibliothek.

Ich lese

Ich lese bei Paul Tillich: « Was ist die Beziehung des ewigen Gottes, der zugleich der lebendige Gott ist, zum Ewigen Leben, das das innere Ziel aller Geschöpfe ist? Es kann nicht zwei ewige Lebensprozesse geben, die nebeneinander herlaufen. Das Neue Testament schließt diese Möglichkeit entschieden aus, indem es Gott allein als den ‹Ewigen› bezeichnet. Die einzig mögliche Antwort ist also, dass Ewiges Leben Leben im Ewigen, Leben in Gott, ist. Das entspricht der Behauptung, dass alles Zeitliche aus dem Ewigen kommt und zu ihm zurückkehrt, und es stimmt mit der Paulinischen Auffassung überein, dass in der endgültigen Erfüllung Gott alles in allem (oder für alles) ist. Dieses Symbol könnte man als ‹eschatologischen Pan-en-theismus› bezeichnen.»[31]

Das bringt uns Geistliche in Schwierigkeiten. Die Menschen fragen nicht nach einem «ewigen Gott», sie fragen nach einem «ewigen Ich».

Die biblischen Bilder sind uns fremd oder stören uns mit Recht. Sie stürzen die Einen in ewiges Feuer (Mt 13,50), befreien den Anderen aus dem «Rachen des Todes» (Ps 120,1) und stürzen wieder andere, «die Kinder des Reichs» in die «äusserste Finsternis», wo Heulen und Zähneklappern sein wird. (Mt 8,12)

Ach, Mensch!

Marcel Reif liess den Bundestagsabgeordneten den wesentlichen Satz seines Vaters zum Bleiben und Erinnern: «Sei ein Mensch.» Jiddisch: «Sej a Mensch!»[32]

Ich greife diesen wesentlichen Gedanken auf und lege alles ab, was nach Rache, Vergeltung, Vernichtung, Begleichung aussehen mag.

Rache ist alt. Ist Versöhnung älter?

Das Kainszeichen scheint vor allem den jeweiligen Gegnern anzuhängen. Und sie scheinen damit ewig zu leben.

Es ist keine Frage des Alters. (Auch Texte des AT sind nicht unbedingt dort wesentlicher, wo sie älter scheinen.) Jesus nimmt jeden Rache-

Gedanken weg: «Jesus sagt zu ihm: Ich sage dir, nicht bis zu siebenmal, sondern bis zu siebenundsiebzigmal» sollen wir vergeben. (Mt 18,22) Doch «Vergeben» ist eine Geste von Oben nach Unten. Gibt es nicht wenigstens ein «danach» auf Augenhöhe. «Augenhöhe» sagen wir doch oft, wenn es um «Gerechtigkeit» geht. Kommt nicht – «danach» – ewige Gerechtigkeit? Doch wenn, dann ist es Gottes Gerechtigkeit. Und kein Mensch hat sie je verstanden. Vielleicht ist die Gerechtigkeit Gottes das grösste aller Rätsel, vor allem für gläubige Menschen.

Ich frage

Wer bin ich eigentlich? Der Mensch ist das einzige Geschöpf, das die Frage nach sich selbst überhaupt stellt oder stellen kann. Ein Wurm fragt nicht nach sich selbst, und ein Hahn philosophiert nicht über die Länge des Lebens. Eine Katze kann nicht über ihr Leben hinausdenken und ein Affe versucht nicht, seine Träume zu deuten.
Einzig der Mensch fragt: Wer bin ich eigentlich? Und bei der Antwort auf diese Frage fällt er von einer Verlegenheit in die andere. Er merkt, ich bin mal so und mal so. Er tut Dinge, die er nicht will und er will Dinge, die ihm schaden. Er wird im Alter zum Kind, und wenn er weise ist, bleibt er sich doch immer ein Rätsel.
Ein kluger Kopf hat einmal gesagt: Weisheit heisst nicht, auf alles eine Antwort zu wissen, sondern mit den offenen Fragen leben zu können. Dem alten Salomo stellt Gott einen Wunsch frei. Salomo bittet um ein hörendes Herz (2Kön 3,9). Der Mensch ist das Wesen, das sich selbst infrage stellt, und wenn es weise ist, diese Fragen aus- und sein Herz in Richtung Gott offenhält. Von dort hört er die Antwort.
Eine alte Legende erzählt: Bei der Erschaffung der Welt wurde Gott von vier Engeln angesprochen.
Der erste fragte: «Wie machst du das?»
Der zweite: «Warum machst du es?»

Der dritte: «Kann ich helfen?»
Der vierte: «Was ist es wert?»
Der erste war Wissenschaftler; der zweite Philosoph; der dritte Therapeut; der vierte Immobilienhändler.
Ein fünfter Engel sah voller Staunen zu und klatschte aus reinem Entzücken Beifall. Das war der Mystiker.
Ich möchte nicht mehr sein als dieser fünfte Engel.
Auch er wird die Antwort erfahren auf seine Fragen.
Vielleicht verwirrend.
Vielleicht klärend.
Vielleicht offen wie alles, das uns Gott vor die Füsse und ans Herz legt.

Ich entdecke

Der Mensch ist ein Ort Gottes. Mein Lehrer und Freund Jörg Zink meinte immer wieder: Mehr als ein Ort Gottes kann kein Mensch auf dieser Erde werden oder sein wollen. Gott in mir, Gott in dir. Er konnte sich dabei z. B. auf Joh 14,20f. beziehen.
Jenseits unserer Welt, jenseits unseres Kosmos und unseres Erfahrungsbereichs gibt es kein Heil. Längst wissen wir von der Endlichkeit der Gestirne und von der Geschichte des Lichts. Wissen, dass unser Kosmos in Bewegung ist. Er scheint zu pulsieren, sich auszudehnen, sich zusammenzuziehen – Ein- und Ausatmen Gottes. Es mag gewagt sein und doch, da wir immer in Bildern denken, dieses Kommen und Gehen könnte in dem hebräischen Begriff *me ha olam we ad ha olam* – von Ewigkeit und zu Ewigkeit – erahnt werden. Das sind die Ewigkeiten Gottes, Zeitmassstäbe, bei denen Menschen nur das Spekulieren, das Staunen, die mystische Schau bleibt.
Theologie wird zu Christologie, und Christologie wird zu Doxologie. Die eigentliche Form der Theologie ist die Doxologie, Lobpreis der Herrlichkeit Gottes. Der Mensch tritt einen Schritt zurück, schweigt entsetzt, erschüttert, im Tiefsten berührt, erstaunt.

Ich staune, dass es der Mensch ist, dem in der Kürze seines Lebens all diese Fülle geschenkt ist. Sein Leben ist ein Geschenk mitten unter Geschenken. Ich staune, dass ich sein darf und sinne nach, wer ich sein soll.

Jörg Zink sagt: «Unendlich viele Jahre waren, ehe es mich gab. Unendlich viele Jahre werden vielleicht nach mir sein. Irgendwo in ihrer Mitte sind ein paar Sommer, in denen für mich Tag ist auf der Erde. Für diese Spanne Zeit danke ich dir, Gott.»[33]

Ein paar Sommer, in denen für mich Tag ist auf der Erde.

Staunend stehe ich still und danke dir, Gott.

Das möchte ich als Bilanz meines Lebens einmal sagen können: Es war grossartig, dabei gewesen zu sein. Das ist doch so grandios, so einzigartig. Es war grossartig, dabei gewesen zu sein. Mehr ist einem Menschen wohl nicht möglich. Den gewaltigen Rest muss Gott besorgen, wie immer man ihn sich vorstellt.

Ich bete

Eins fliesst ins andere,
der Abend in die Nacht,
die Nacht in den Tag –
und alles strömt aus einer Quelle
und mündet in ein Meer.
Eins fliesst ins andere,
der Herbst in den Winter,
der Winter in den Frühling –
und alles strömt aus einer Quelle
und mündet in ein Meer.
Eins fliesst ins andere,
das Leben in den Tod,
und der Tod in das Leben –
und alles strömt aus einer Quelle

und mündet in ein Meer.
Quelle und Meer – beides bist du.
Alles bist du, Gott –
ewig der Eine,
und der Eine in Ewigkeit.[34]

Ich gehe weiter

Der Naturwissenschaftler lädt ein zum «Messen, Berechnen und Wissen».
Die Theologin lädt ein zum «Hören, Lieben und Staunen».
(Wobei ich weiss, dass auch Naturwissenschaftler nicht nur staunen, sondern wie wir Theologinnen und Theologen das Staunen lehren.)
Es wäre nicht gut, wenn einer von beiden die Wahrheit für sich allein beanspruchte.
Schöpfungsglaube und Naturwissenschaft sind zwei gegenüberliegende Ufer eines Flusses.
Schon Erasmus von Rotterdam wusste – so schreibt Reiner Kunze –, dass Brücken über Wasser verbinden, was unter Wasser längst verbunden ist.[35]
Die Brücke ist – wie überall – die Umarmung *über* dem Fluss.
Über dem Fluss, auf der Brücke, so hoffe und glaube ich, wird mich Gott – nicht allein «der Gott der Bibel» – umarmen und sagen: «Schön, dass es dich gibt.»
Und wird mich einladen in eine mir vollkommen fremde Welt, so wie Gott Milliarden von Vorfahren eingeladen hat in eine fremde Welt.
Und endlich wird sein, was wir glauben dürfen: Es ist alles eins. Das ist der Weisheit letzter Schluss. Alles ist eins. Und er ist in allem (Kol 1).
Dann habe ich keine Fragen mehr.
Dann werde ich nicht mehr weiter gehen.
Dann bin ich angekommen.

ZUM SCHLUSS

Der «offene, befreite Tag»

Warum reden die Mystiker aller Religionen von der Stille?
Warum kommt das machtvolle Wort Gottes aus der Stille?
Das Wort ist die Stille.
Der siebte Schöpfungstag ist die Stille.
Die Harmonie des Kosmos ist die Stille.

Dann will ich versuchen, mein Leben einzufügen in die Stille. Will loslassen, was mich hindert. Will die geballten Hände öffnen. Will den angehaltenen Atem ruhig fliessen lassen. Will mein Lied leise horchend anpassen diesem grossartigen, heilenden Klang. Möchte mich mitreissen lassen vom Klang der Stille. Will warten mit offenen Händen, mit blosser Seele und geduldigen Ohren.

Gott ist zu mir unterwegs. Heilen will er mich. Das ist nach meiner Erfahrung nur in Klängen möglich, die Dissonanzen aufheben. Da bleibt eigentlich nicht mehr, als dass ich Ja sage mit offenen Händen und Ohren.
Jedem Christen, Muslim oder Buddhisten gestehe ich deshalb seinen Weg zu, staune mit offenen Ohren und weitem Herzen. Das mag den Verfechtern der rechten Lehre ein Gräuel sein. Es gibt aber wohl nur die Alternative zwischen Angst und Freude, zwischen Enge und Weite. Angst lässt nur wenige Optionen zu, im Zweifel nur einen Weg. Freude lädt ein, an den Landstrassen und Zäunen nach Hausgenossen zu suchen.

Jörg Zink hat mir den Mut gegeben, aus der Stille kommend dann auch «das Meine» zu sagen und nicht alles abzusichern mit gelehrten Zitaten und verängstigten Fussnoten: «Du bist ein Ort Gottes, und mehr als ein Ort Gottes kann ein Mensch nicht sein.» Von ihm habe ich gelernt, dass Theologie ein Gesicht hat, ein herzliches Gesicht.
Und doch: Ich habe nie bei einem «Meister» Meditation gelernt.

Mag sein, dass meine «Techniken» der geschulten Prüfung nicht standhalten. Sie passen auch nicht in ein Konzept, sondern sind mit mir gewachsen und stimmen für mich.

Ich sperre mich – wenn immer möglich, und das ist bei entsprechender Setzung der Prioritäten und bei selbstverständlicher Transparenz gegenüber Gemeinde, Kirchenältesten und Mitarbeitern immer möglich – einen Tag in der Woche aus der Betriebsamkeit aus. Kann sein, dass ich – ohne Telefon und Türklingel – nur am Stück arbeite; kann aber auch sein, dass ich zehn oder fünfzehn Kilometer jogge, in die Sauna gehe, faulenze, lese; kann sein, dass ich eine Stunde oder mehr «sitze». (Ich habe nie das «Zazen» gelernt, aber meine selbstgestrickte Weise der Mischung aus Yoga-Übungen, Obertonmeditation, Stille, Gebet usw. heilt mich von den Wunden des Geschäfts.)

Eben das ist die befreiende Erfahrung: Es gibt keine Regel, wie ich diesen «befreiten Tag» gestalte. Dieser Tag bringt das Seinige, wird werden, wie eben dieser Tag wird. Ich traure nichts nach, was ich nicht getan habe. Ich mache wenig Pläne. Ich habe alles dabei oder um mich, was ich zum «Machen» bräuchte, falls ich wirklich «machen» will. Das gibt mir die Ruhe zum «Lassen». Und meist «lasse» ich.
Dieser Tag ist die Mitte meiner Woche. Fehlt mir dieser Tag, werde ich nervös, fahrig, hektisch, ungeduldig, ungerecht. Auch die Familie legt Wert darauf, dass mir dieser Tag bleibt.

Wir haben in unserem Beruf etwas gelernt, was gnadenloser nicht möglich ist: die Vierteilung. Hier und dort gleichzeitig sein, unentbehrlich, omnipräsent und omnipotent. Hier dein Ohr, dort deine Augen, drüben deine Gedanken. Am Telefon deine Stimme, auf dem Terminkalender deine Augen, bei der schlechten Englischarbeit der Tochter dein Herz. Bei der Sterbenden dein Gebet, in der Bezirkssynode dein Körper, am Steuer deine Hände. Gnadenlos wichtig. Wie eine Mauer müssen solche unverletzlichen Menschen auf Suchende wirken, deren Blick nicht in Liebe auf einem Gesicht verweilen kann, deren Hand nicht bleibt und die in Gedanken längst beim nächsten Termin sind.

Es geht nicht darum, nach absolviertem Zeitmanagementtraining mich «herauszunehmen». Es geht eigentlich überhaupt nicht um Zeit. Es geht um Liebe, Glaube und Demut. Es geht um eine Einstellung. Ins eigene Stammbuch habe ich mir vor Jahren geschrieben:

... lass es gut sein
und schmücke dein Haus
mit Blättern
aus Zärtlichkeit und Wind
warte
vielleicht morgen schon
wider alle Vernunft
eben deshalb
lass es gut sein

Dieses missverständliche «Lass es gut sein» war mir ein Schlüssel zur Stille. Ich gebe aus der Hand. Ich traue Gott über den Weg. Nicht: «Das wird schon werden.» Eher: «Gott ist Liebe.»

Einübung in Stille ist Einübung in Vertrauen. Und damit die entscheidende (Vor-)Übung zum Glauben. Das «Staunen» stellt sich ein, wenn ich zurücktrete. Das Gemälde nicht mit der Lupe betrachte, den Bibeltext nicht seziere, um zu begreifen. Wenn ich in Demut zurücktrete ins Halbdunkel, schweige, horche, die Hände in den Schoss lege, auf mich wirken lasse. Selbst das uns Theologen so wichtige Systematisieren ist mir immer fremder geworden. Ich denke seit Jahren eher assoziativ als systematisch. «Systematik» mag wichtig sein, ich sehe hinter jeder Systematik die Versuchung,

«begreifen» und damit «besitzen» zu wollen, was unbegreiflich, unberührt bleiben möchte oder muss.
Stille ist für mich als Theologen auch Einübung in theologische Demut, Einübung in Verzicht auf Befriedigung meiner Neu-Gier, Einübung in Doxologie.

Der «befreite Tag» strahlt aus in jeden Tag der Woche. Am «befreiten Tag» habe ich geübt, was mich im «Alltag» heilt. Einübung in Stille zerbricht am Alltag, wenn der Feiertag («befreite Tag») nicht den Alltag prägt und harmonisierend gestaltet.
Ich lasse mich – wo möglich – von keinem äusseren Zwang knechten. Alles, was mich «regelt», ist mir suspekt. Ich passe nicht ins Kloster mit Tagzeitengebeten, Zeiten des Schweigens und Zeiten der Arbeit. (Gelegentlich sehne ich mich nach Vorgaben, unterliege der Versuchung, mich Regeln zu unterwerfen.) Regeln sind äusserliche Hilfen zum Entdecken der eigenen und der anderen Freiheit. Der Sabbat ist um der Menschen willen da.

In der Stille habe ich gelernt, «Nein» zu sagen. In der Stille des «befreiten Tags» (und im Studium des Evangeliums, in der Meditation, im Staunen, beim Spaziergang durch den Garten ...) habe ich mehr gelernt: Ich bin geliebt, bin ein Ort Gottes, bin «gerechtfertigt», muss mich nicht rechtfertigen, kann trotz wunder Seele aufrecht gehen. Ich kann nicht alles, muss nicht alles, will nicht alles, werde nicht alles, brauche nicht alles.

Wohltuend legt sich diese heilsame Erfahrung des «befreiten Tags» auf den «Alltag». Ich habe ein unfertiges «Tagwerk» hinterlassen, schalte den Rechner aus um 22 Uhr, quäle mich nicht mehr (oder nur selten) durch Nächte, habe noch die wunderbare Stunde am Abend für die Familie, für meine Frau, für die Musik, für einen Film, für den neuen Krimi, für Ulla Hahn, Max Frisch, Hilde Domin oder Peter Handke, für Vincent oder Hieronymus, für Johann Sebastian oder

Amadeus, für all die Kostbarkeiten, die einer wunden Seele guttun.
Sie vermissen den «frommen» Lebenswandel? Sie vermissen Losung oder tägliche Bibellese? Sie vermissen Regeln? Mag sein, dass man über harte Regeln zur Stille findet. Mein Weg war ein anderer. Stille war für mich die Entdeckung geschenkter Freiheit.
Ich bin nicht die Antwort. Da ist ein Wort.
Ich bin nicht die Lösung. Da ist eine Hilfe.
Selbstverständlich ziehe ich mich allein oder mit anderen im Alltag immer wieder zurück. In der Regel ziehe ich mich aber nicht zurück vor Aufgaben, sondern vor der Versuchung, ich sei die Lösung. Ich ziehe mich nicht zurück aus der Gemeinschaft, sondern von der Versuchung, die Gemeinschaft lebe von mir.
Dabei orientiere ich mich an einem pädagogischen Prinzip, das ich vor 30 Jahren für «Leiter» von Gruppen gelernt habe: Ich setze mir zum Ziel, mich selbst überflüssig zu machen. (Das ist etwas anderes als «Delegation». Wenn ich «delegiere», gebe ich meine Verantwortung auf Zeit an andere weiter. Wenn ich mich überflüssig mache, gebe ich es auf, die Antwort zu sein.)

«Demut», «Stille», «Staunen», «Heimat» und «Vertrauen» werden mir zu Synonymen. Und ich bin mir ganz sicher, dass eben diese Kompetenz für Stille, für Demut, für Vertrauen oder Heimat gefragt ist. Wunde Seelen suchen nicht den Lehrer, sondern den Freund. Menschen auf Umwegen suchen nicht die Regel, sondern die Erlösung. Menschen im Elend suchen nicht den Markt, sondern eine Heimat.

Ich möchte nicht der sein, der führt. Ich möchte der sein, der geführt wird. Ich will der Versuchung trotzen, meine Erfahrung zur Regel für andere zu machen. Was einen hält, wird andere straucheln lassen. Und mein eigenes Gesetz ist mir selbst heute Halt, morgen Rätsel, übermorgen Gefängnis. Beliebigkeit? Nein, Einsicht in Grenzen. Demut.

Ist es nicht längst Zeit für eine «innere Mission»?
Ja, es ist Zeit. Der Paradigmenwechsel vom «Begreifen» zum «Staunen» wird die Kirche nötigen, sich der «inneren Mission» zu stellen. Sie beginnt mit der Stille.
Herman Andriessen umschreibt Spiritualität mit dem schönen Satz: «Der Sehnsucht in mir einen Namen geben»[36]. Ich würde noch hinzufügen: einen Ort und ein Gesicht, und denke dabei – im übertragenen Sinn – an das «Gesicht» Jesu, damit natürlich immer auch an seine Schwestern und Brüder, an die Jesus uns verweist. Sie sind, wie ich, ein Ort Gottes.
Und doch – es ist nur der Vorort, das spüren wir. Es ist nur ein getrübtes, verschwommenes Gesicht.
Deshalb bleibt die Sehnsucht, auch wenn ich ihr den Namen Spiritualität gebe. Sie beschreibt nicht das Ziel, sondern den Weg. Die Stufen des Wegs, die unterschiedlichen Grade der gefühlten Nähe.
Ich behaupte, diese Sehnsucht ist in jedem Menschen.

Wenn wir Angehörige geistlicher Berufe «Meister der Spiritualität» sein sollen, und das sollen wir ja, das ist die zentrale Erwartung der Menschen an das geistliche Amt, dann müssen wir wunden Seelen schonend helfen, die eigene Sehnsucht zu entdecken, die Hoffnung wecken, den Weg weiten und ein Ziel nennen können, auf das hin es sich zu leben lohnt.

Es gibt wohl den clever klingenden Satz: «Wir stillen nicht Bedürfnisse, sondern wir feiern Geheimnisse.» Da ist etwas Wesentliches dran. Nur, wer die Bedürfnisse der Menschen nicht kennt, sie vielleicht selbst bei sich nicht zulässt, feiert seine Mysterien allein.
Diese Qualität im Umgang mit wunden Seelen erwarten Menschen noch von uns.

Das setzt ein Leben auf Augenhöhe, einen Alltag ohne Menschenscheu, einen ehrlichen Umgang mit mir selbst, mit den eigenen

Wunden, und eine grosse Liebe voraus. Aber mir ist ja gesagt, dass ich ein Ort Gottes sei, ein Vorort. Und die Herberge, deren Herbergsvater oder -mutter ich bin, ist ein Vorort des Himmels. Pilger kommen zu uns auf Zeit. Und dann gehen sie weiter. Und es bleibt, das wünsche ich, Glanz auf ihrem Gesicht. Und trotz wunder Seele gehen sie aufrecht.

Im Vorwort zu einem meiner vielen Gebet-Bände habe ich geschrieben:

Unserer Hände Werk
unser Handwerk
eine kleine Welle
um Abendmeer.

Unsere Worte
unser Gebet
ein Flügelschlag
im Schatten der Ewigkeiten.

Unser Leben
ein Blick
hinter den Horizont des Endlichen
in die Weite des Ewigen.

Du bleibst
wir gehen
und durften gestalten
zu unserer Zeit.[37]

ANMERKUNGEN

1 Dieses Buch ist eine erheblich erweiterte Ausgabe von Gerhard Engelsberger, Kleines Spirituale für Menschen in geistlichen Berufen, Gütersloh 2004 © Gütersloher Verlagshaus GmbH.
2 Matthias Beier, Gott ohne Angst. Eine Einführung in das Denken Eugen Drewermanns, Mannheim 2010, 152.
3 Eugen Drewermann, Atem des Lebens. Die moderne Neurologie und die Frage nach Gott, Bd. 2, Düsseldorf 2007.
4 Gerhard Engelsberger, Bist du es? Fragen an den Mann aus N., Stuttgart 1991.
5 «Ich bin am 20. Juni 1948 in Niefern von Pfarrer Friederich Rosewich getauft worden. Meine Eltern Eugen und Emilie Engelsberger haben mich zur Taufe gebracht. Ich habe nichts, aber auch gar nichts dazu beigetragen. Ich habe vielleicht geschrien, gestrampelt und gemeutert. So, lieber Gott, war das ein Leben lang. Ich habe geschrien, gestrampelt und gemeutert. Und doch hat mich der Pfarrer getauft. In deinem Namen. Im Namen des Vaters, des Sohnes und des Geistes. Mehr habe ich nicht vorzubringen.» (Gerhard Engelsberger, Aus Überzeugung evangelisch, Vom kreativen Spiel mit der «Freiheit des Glaubens», Stuttgart 2012).
6 Rudolf Bohren, Predigtlehre, Gütersloh 1971, 203.
7 Sensibel ist die Erde, München 1988, 36.
8 Gerhard Engelsberger, Da staunst du aber. Kindergottesdienste, Stuttgart 2000.
9 Geduld mit Gott. Die Geschichte von Zachäus heute, Freiburg 2010.
10 Klaus Hofmann, Ich will Gesang, will Spiel und Tanz, 1983.
11 Georges Bernanos, Tagebuch eines Landpfarrers. Ein Roman, Zürich 1975.
12 A. a. O., 151.
13 Gerhard Engelsberger, Wunde Seele – aufrechter Gang, Stuttgart 1998, 103f.
14 Hans Jürgen Schulz (Hg.), Angst, Stuttgart 1987, 11.
15 Gedichte, München 1995, 45.

16 Böhme, Codierungen der Angst, in: Hans Jürgen Schulz (Hg.), Angst, Stuttgart 1987, 218.
17 Bernd Janowski, Konfliktgespräche mit Gott. Eine Anthropologie der Psalmen, Neukirchen-Vluyn 2003, 217.
18 Hinrich C. G. Westphal, Das Helmut Thielicke Lesebuch, Stuttgart 1998, 10.
19 Krzysztof A. Meyer, Schöpfung. Oratorium nach Worten von Gerhard Engelsberger, Hildesheim 2000, 10f.
20 Gerhard Engelsberger, Schön, dass es dich gibt. Zur Konfirmation, Stuttgart/Zürich 1997, 34.
21 Simone Weil, Aufmerksamkeit für das Alltägliche. Ausgewählte Texte zu Fragen der Zeit, hg. v. O. Betz, München 1994, 130.
22 www.abendblatt.de/vermischtes/article107992299/Arzt-ist-in-Priester-ist-out-Das-Berufe-Ranking.html (09.05.2024).
23 https://de.statista.com/statistik/daten/studie/163400/umfrage/ansehen-der-berufe-in-der-gesellschaft/ (09.05.2024).
24 Bernhard Schlinck, Erkundungen zu Geschichte, Moral, Recht und Glauben, Zürich 2015, 64.
25 Eduard Thurneysen, aus: R. Landau, Calwer Predigtbibliothek, Bd. 2, Stuttgart 1997, 68f.
26 Martin Buber: Ich und Du. 13. Auflage, Gerlingen 1979.
27 A. a. O., 10.
28 Einsam bist du klein, T.: F. K. Barth / P. Horst, M.: P. Janssens, in: Ich liebe das Leben, 1981, Alle Rechte im Peter Janssens Musik Verlag, Telgte.
29 Gerhard Engelsberger und sein Kinderchor: Guten Morgen, lieber Gott, RM Musik, Stuttgart.
30 Simone Weil, Aufmerksamkeit für das Alltägliche. Ausgewählte Texte zu Fragen der Zeit, hg. v. O. Betz, München 1994, 81.
31 Paul Tillich, Systematische Theologie, Bd. III, Stuttgart 1966, 475.
32 www.bundestag.de/dokumente/textarchiv/2024/kw05-gedenkstunde-rede-reif-988214 (21.05.2024).

33 In den vielen Büchern, die Jörg Zink mir anvertraut hat und über die wir uns ausgetauscht haben, finde ich den Gedanken nicht. Ich möchte nur bestätigen: Es ist seiner, den ich gerne teile.
34 Gerhard Engelsberger, Von Achtsamkeit bis Zuversicht. 2000 thematische Gebete für den Gottesdienst, Stuttgart 2009, 59.
35 Vgl. Reiner Kunze, Gedichte. Erweiterte Neuausgabe, Frankfurt a. M. 2023, 168f. © S. FISCHER Verlag.
36 Herman Andriessen, Der Sehnsucht in mir einen Namen geben. Lebensweg und Spiritualität, Mainz 1993.
37 Gerhard Engelsberger, Gebete für den Gottesdienst, Stuttgart 2002, 4.